A canção das sete cores

educando para a paz

A canção das sete cores

educando para a paz

Carlos Rodrigues Brandão

EDITORA CONTEXTO

Capa e diagramação
Gustavo S. Vilas Boas

Revisão
Lilian Aquino
Luciana Salgado

Dados Internacionais de Catalogação na Publicação (CIP)
(Câmara Brasileira do Livro, SP, Brasil)

Brandão, Carlos Rodrigues
A canção das sete cores : educando para a paz /
Carlos Rodrigues Brandão. – São Paulo : Contexto, 2005.

Bibliografia
ISBN 85-7244-291-X

1. Educação – Finalidades e objetivos 2. Paz
3. Qualidade de vida 4. Solidariedade I. Título

05-0895 CDD-370.115

Índices para catálogo sistemático:
1. Educação para a paz 370.115

EDITORA CONTEXTO
Diretor editorial: *Jaime Pinsky*

Rua Acopiara, 199 – Alto da Lapa
05083-110 – São Paulo – SP
PABX: (11) 3832 5838
contexto@editoracontexto.com.br
www.editoracontexto.com.br

2005

Na longa seqüência da biblioteca, no filme *Asas do Desejo*, com roteiro e direção de Wim Winders, um ancião folheia um livro de fotos da história da Alemanha. Ele não sabe que um anjo invisível está ao seu lado e o observa com grande atenção. Folheando a esmo as páginas com as fotos, o velho diz em silêncio, para si mesmo, isto que o anjo também escuta:

> Terminadas as passagens pelos séculos,
> Agora só penso, dia a dia...
> Meus heróis não são mais os guerreiros e os reis,
> Mas as coisas da paz,
> Tão boas umas como as outras.
> As cebolas tão boas como o tronco da árvore
> Cruzando o pântano.
> Mas até hoje ninguém conseguiu
> Cantar uma epopéia da paz.
> O que acontece com a paz,
> Que a sua sugestão não dura
> E que quase não se deixa narrar?
> Devo desistir?

Ele se pergunta, sem saber que o anjo o ouve.
E ele mesmo responde:

> Mas se eu desistir, o mundo perderá o seu contador de histórias.

Este livro é dedicado a quem
ainda conta histórias e não desiste.

Sumário

Sete cores, sete vezes

Entre a tua casa e a minha
há uma ponte de estrelas.

Mário Quintana

Aprendi antes da escola que em nossa língua a paz tem um nome: *paz*. Tem uma cor: o branco. Tem um belo símbolo, uma ave: a pomba. Possui poucos sinônimos e alguns não são muito fiéis: tranqüilidade, harmonia, calma, serenidade, trégua.[1]

Aprendi que tendo poucos e nem sempre bons sinônimos, a paz deriva algumas palavras geradas por ela, entre substantivos, verbos, adjetivos e advérbios: pacífico, pacificador, pacificar, pacificamente, pacificante, pacificado. Existem outras?

E a paz gera várias expressões tradicionais bem conhecidas: "viver em paz", "buscar a paz", "vai em paz", "que a paz te acompanhe", "em boa paz", "lutar pela paz", "assinar um tratado de paz", "quebrar a paz", "eu vos dou a minha paz", "semear a paz", "conquistar a paz", "a paz de Deus", "o Deus da paz", "paz e bem" (dos franciscanos), *pro bono pacis (*"para o bem da paz", dos romanos).

Ao longo da vida fui lendo aqui e ali e ouvindo algumas frases de efeito sobre a paz. Uma delas me foi dita por alguém que a atribuiu a Gandhi: "não há caminho para a paz, a paz é o caminho". Gosto de repeti-la. Outra nós encontramos pintada de preto, em quatro línguas, naqueles belos e pequenos marcos brancos fincados nos locais onde alguém ou algum grupo humano participa da "causa da paz". Sim, pois a paz também tem a sua causa. Diz assim: "Que a paz prevaleça". Ou, em uma versão mais completa: "que a paz prevaleça entre todos os povos da Terra". Há uma outra, bastante difundida e atribuída a Tito Lívio: "uma paz certa e segura é melhor do que uma vitória esperada". Bem mais justa e prudente do que a odiosa: "se queres a paz, prepara-te para a guerra", bem mais aceita em nossos turvos dias. Imagino que seja o lema preferido entre os fabricantes de armamentos.

Dante Alighieri escreveu: "é claro, portanto, que a paz universal é a melhor dentre as coisas que contribuem à nossa felicidade" (Monarchia, 1, 4). Fiquemos por aqui.

A paz tem uma bandeira: um pano branco sem mais nada a não ser a alvura de sua cor. Ou, em algumas versões mais raras, o branco com uma pomba também branca, desenhada. Vi um dia na televisão, depois em Porto Alegre, nas caminhadas dos Fóruns Sociais Mundiais, uma bandeira da paz diferente. Tinha longas faixas com as cores do arco-íris e a palavra *Pace* escrita entre elas. O desejo pela paz ganhou agora sete cores.

Outro dia me falaram sobre, e depois me mostraram outra bandeira, parecida mas diferente. Eu a conheci nas ruas de La Paz, na Bolívia, e ali me contaram que ela tornou-se o símbolo da paz e da luta em prol dos direitos do povos indígenas, entre quéchuas, aymaras e outras etnias dos Andes, onde há uma complexa simbologia a seu respeito e ela é chamada de *Whipalla.* Dali em diante eu me acostumei a vê-la tremulando em inúmeras passeatas pacifistas.

Em vez de ser retangular e toda branca ou listada com sete cores na horizontal, é uma bandeira quadrada e dividida em 49 caselas, tendo como resultado sete linhas verticais cruzando por igual sete linhas horizontais. Suas sete cores: branco, amarelo, laranja, vermelho, lilás, azul e verde, ocupam, cada uma, sete caselas. A cor branca ocupa as da diagonal do centro e, assim, divide a bandeira em duas partes iguais. A amarela ocupa uma casela da parte de cima e seis da de baixo; a laranja, duas e cinco, e assim por diante. Experimente desenhar e colorir essa bandeira. Não é difícil e o resultado é belo e sugestivo: sete cores, sete vezes.

Imaginei-as cores sonoras que, entre as sete notas musicais, em vez de cantarem algum hino vibrante, entoam juntas uma simples e terna canção de paz: *A canção das sete cores.*

A canção das sete cores possui, além desta pequena introdução, outros oito capítulos. Alguns foram escritos para o livro e outros para serem lidos ou comentados em encontros entre educadores. Essa é uma das razões para algumas diferenças de tons e temas entre os capítulos. Esse é também um dos motivos pelos quais algumas palavras e idéias podem aparecer repetidas entre um capítulo e outro. Mas logo se verá que esse não é o único motivo.

Acompanhando minha trajetória de vida e de trabalho profissional e militante, o que está escrito desta página em diante provém de três vocações do trabalho do educador. Entre os anos de 1950 e agora, elas ganharam nomes, adeptos, teorias e práticas, encontros (e alguns desencontros), causas, frentes de lutas e vários manifestos. Seria um erro dizer que cada uma delas provém de fontes ideológicas próprias, pois convergindo para um mesmo lugar social e simbólico, cada uma envolve uma pequena polissemia de tendências e de ênfases.

Elas são: a educação popular, a educação ambiental e a educação para a paz. Em suas versões e vocações mais próximas às minhas experiências, todas elas reclamam a busca por uma opção humanista e emancipatória de formação de pessoas e de criação de culturas de paz através do trabalho da educação. E se até um passado próximo havia fortes desconfianças entre os seus diferentes praticantes, hoje nos encontramos mais empenhados na busca por palavras e gestos que nos unem e nos fazem interagir do que na defesa do que por desventura nos separa ou mesmo nos opõe.

Entre propostas e projetos de ação cultural através da educação, as diferenças, aqui e ali, estão mais nas ênfases e nos rumos a percorrer do que nos destinos e horizontes aos quais sonhamos chegar. Assim, ao mesmo tempo em que não queremos pensar e praticar a paz como uma falsa harmonia que ignora e silencia os persistentes dilemas da vida social, sabemos também que em nossos dias é ilusório aprendermos a educar pessoas e a criar culturas devotadas à causa da paz, se não soubermos estender a solidariedade e a conciliação desejada entre os Seres Humanos, no âmbito da Vida e dos Seres da Vida.

Um dos mais fervorosos praticantes da causa da paz, Marcelo Rezende Guimarães, lembra que hoje em dia poucas palavras são pronunciadas com tanta freqüência, para tantos sentidos e usos, e, ao mesmo tempo, são tão pouco praticadas.[2] Poucas "causas" são tão convergentes, tão atraentes, tão apropriadas para serem lema de bandeiras de credos e partidos. Mas, no entanto, mesmo o que significa de fato a paz ainda parece ser uma pergunta boa, mas difícil, que busca respostas entre preceitos e, sobretudo, gestos confiáveis e convincentes. Marcelo lembra na abertura de seu livro que estamos em plena (e quase esquecida) Década das Culturas da Paz, de 2001 a 2010, proposta e reclamada pela Unesco.

Outro Marcelo, o monge beneditino Marcelo Barros, na apresentação de *Um novo mundo é possível*, lembra palavras que repito em *A canção das sete cores*. Ele diz:

> Saber que a paz e a violência são elementos culturais que a humanidade cria, assim como constrói casas ou faz pão, é uma boa notícia, porque significa que está em nosso poder superar essa cultura e educar-nos para formas de convivência mais amorosas e justas. Descobrir que o fato de sermos diferentes não nos opõe pode significar para cada um de nós um bom princípio de auto-aceitação e de liberdade interior.[3]

De algum tempo para cá, de vez em quando temos nos lembrado de associar a "paz" à "educação" e falamos então em: *educação pela paz, educação para a paz.* Existem espalhadas pela Europa várias escolas e universidades abertas, dedicadas de maneira especial à *causa da paz.* Aos olhos de algumas pessoas, qualificadores que pretendem atribuir à educação algo mais do que uma instância programada de capacitação de quadros para diferentes exercícios profissionais e moderadamente cidadãos entre o trabalho e a vida são uma ilusão a mais. Este livro pensa em outra direção.

Em todos os capítulos, a mesma seqüência de idéias e de preceitos de vida e de aprendizagem toca, com ritmos e tons diferentes, nas mesmas teclas. Primeira: nós educadores não nos capacitamos apenas para o trabalho profissional que nos qualifica instrumentalmente; nos formamos para exercer também o trabalho criativo e consciente de construção dos mundos sociais em que vivemos. Ou em que deveríamos viver. Segunda: esses mundos sociais, da minha rua ao meu planeta, são obra do trabalho humano e da criação de seres humanos como eu e você, pessoas da vida de todos os dias. Terceira: uma coisa é o que as estruturas e os processos sociais fazem de nós; outra, é o que aprendemos a fazer com o que eles fazem de nós. Quarta: boa parte do que se passa entre um momento e outro depende do que aprendemos enquanto nos educamos. Quinta: ainda que sejam emoções, sentimentos ou fontes naturais de motivação inatas à nossa espécie, como nas idéias de Humberto Maturana, o amor, a solidariedade, a cooperação e, enfim, a paz são valores e conhecimentos. São saberes, sentidos e sensibilidades assimiláveis. A paz se cria. A paz se vive. A paz se aprende a criar e a viver.

Mas a vocação humana para a paz tem muito pouco a ver com uma doce e abstrata disposição para buscar harmonias em tudo e em todos. Nada pior para o amor e a paz do que imaginá-los como vagas abstrações afetivas. Ao longo de toda *A canção das sete cores,* falarei em nome de sentimentos e disposições para o pensamento e a ação, muito concretos e realistas. Assim, por exemplo, acredito que todos os projetos sociais fundados em preceitos de emancipação, co-responsabilidade, sustentabilidade, cooperação e solidariedade implicam atitudes pessoais e coletivas de uma enorme e sempre crescente radicalidade. É preciso aprendermos e sabermos ensinar às nossas crianças e nossas atitudes não apenas palavras e poemas, mas gestos poéticos e atos políticos que comecem por transformar pessoas e terminem por participar com elas da transformação de suas vidas, de suas sociedades de vida cotidiana e da história.

Dentre as pessoas com quem tenho convivido "ao vivo" ou por meio de leituras, algumas foram e continuam sendo presenças cotidianas e, espero, "para sempre". Assim, os traços de suas idéias e de seus passos estarão sempre impressos aqui, mesmo que nas páginas deste livro seus nomes nem sempre sejam citados. Entre os mais próximos quero lembrar: Marcos Arruda, Rubem Alves, Leonardo Boff, Paulo Freire, Tomás Baldoino, Pedro Casaldáliga, Marcelo Rezende Guimarães, Marcelo Barros, Alda Borges Cunha e Maria Alice Martins Brandão, com quem festejo, em 2005, 41 anos de vida conjunta (comemoramos, no caso, o começo do namoro e não o casamento). Dentre os mais distantes, que o nome de um indiano e de dois judeus seja a memória de tantos outros: Mohandas K. Gandhi, Emannuel Lévinas e Martin Buber.

Repito agora o que escrevi antes. De um capítulo para outro o livro ganhou o tom de seqüências enumeradas de idéias, de valores, de preceitos e de princípios. Em alguns casos isso aconteceu porque minhas palavras seguem a ordem de manifestos e de outros documentos semelhantes, trazidos para o livro. Em outros, porque de repente me pareceu oportuno resumir amplas idéias cansadas de teorias em conjuntos de rumos e práticas em que palavras transformam-se em gestos que sonham tornarem-se atos solidários a muitas mãos.

Carlos Rodrigues Brandão
Rosa dos Ventos
Em Caldas, sul de Minas Gerais.

Notas

1 Na sinonímia de meu dicionário aparecem: calma, fleuma, placidez, quietação, quietude, serenidade, sossego, tranqüilidade.

2 Marcelo Rezende Guimarães, Um novo mundo é possível, São Leopoldo, Sinodal, 2004.

3 Marcelo Barros, Apresentação do livro de Marcelo Guimarães, citado na nota 2, p. 3.

Em paz com a vida

pequeno ideário

"Compreendemos quando fazemos parte do que é compreendido."

Não sei se Martin Heidegger disse ou escreveu essa frase exatamente assim. Ela me foi dita em um encontro entre amigos. Pode ser pensada da seguinte forma: tudo o que é compreendido, circula; sai de mim e existe entre nós. Faz parte de círculos e de fluxos de pessoas. Toda a verdade que é só minha não é de ninguém, nem mesmo minha. Todo o saber é partilha e todo o imaginário de idéias e de pequenos ou grandes ideais de vida vale não apenas pelo conteúdo, mas pela quantidade de vozes que foram aos poucos construindo.

Qualquer palavra, como vida ou paz, por exemplo, que queira dizer ou fundar alguma realidade entre os seres humanos, deve antes ser colocada no círculo. Deve circular em volta do fogo e ser posta em diálogo. Deve ter sido fruto de longas horas nem sempre fáceis de trocas de sentidos e de enfrentamentos entre valores. Deve ter chegado afinal à sua unidade, como uma palavra, um saber entre outros, uma idéia entre muitas, um preceito de vida, na trilha das diferenças, das divergências, algumas vezes. Mas sempre pela possibilidade da troca e do confronto livre de sentidos, de saberes, de sensibilidades e de significados que tornem possível a criação solidária de algum consenso, mesmo quando pequeno e provisório.

Assim, o que está escrito aqui foi lido ou ouvido, uma ou muitas vezes, antes de ser reescrito. E esse imaginário de pequenos preceitos de vida em busca da paz acabou sendo uma espécie de síntese de muitos pensamentos e propostas que circulam aqui e ali entre nós. Procurei ouvir, recolher e colocar juntos alguns fundamentos de modos de pensar e de sentir, de ser e de viver, que não me parecem ser de uma religião, de uma filosofia ou de qualquer outro sistema de sentido único e exclusivo.

Há, no entanto, uma forte busca de unidade na seqüência desses fundamentos. Há o desejo de que, de um a outro, apontem para a experiência pessoal e solidária de uma vida a ser vivida entre a busca da paz, da harmonia com a vida e da co-responsabilidade pelo mundo em que vivemos nesta que será, pelo menos por longo tempo, nossa casa e nave: a Terra.

A primeira idéia

Todos os seres que existem partilham conosco a *Experiência da Vida*, em qualquer uma das suas dimensões. Todos eles possuem sentido e valor em si mesmos. Possuem pelo simples fato de existirem e de partilharem, como tudo o mais que existe e é vivo, a *Experiência da Vida.*

Tudo o que existe entre nós no *Círculo do Dom da Vida* vale o que é, em si mesmo, porque participa do mistério do *Existir na Vida* com tudo o mais que é vivo e existe. A *Vida* é um valor absoluto em si mesmo. É a morada e a guardiã de outros valores e tudo o que existe vivo entre nós participa dos direitos desse valor universal outorgado pela *Vida* a tudo o que existe como uma *Experiência* sua: como um *Ser Vivo.*

A segunda idéia

Tudo o mais que venha a ter um sentido ou um valor atribuído ao que existe deve derivar desse primeiro fato e fundamento universal. Um fato também natural, presente e individualizado em cada um e em todos os *Seres da Existência.*

Esse é um princípio de interações de valor essencial e fundador de todos os outros. Pode ser assim sintetizado: "isto existe e está vivo". Ou, de maneira mais ampla e mais generosa: "isto existe e participa da *Vida* por criar entre outros seres as condições para a sua existência". Logo é um *Ser Vivo* ou um *Cenário de Vida* e participa, com tudo o que existe e vive, da *Rede da Existência do Dom da Vida.*

Se "isto existe", em qualquer dimensão da existência do que vive e é vivo, então "isto" é um *Sujeito da Vida* e participa de todas as teias e redes que geram, fazem interagir e transformam tudo-o-que-existe e o-todo-do-que-existe.

A terceira idéia

Nas teias do-que-existe, tudo o que existe como *Experiência da Vida* é e possui um duplo valor em si mesmo.

Primeiro: porque participa da *Existência* como unidade de uma de suas experiências e a comparte com tudo-o-que-existe no todo do que existe.

Segundo: porque participa da *Vida* em suas teias e, assim, é um elo indispensável no complexo de unidades diferenciadas da partilha de tudo o que é vivo, compõe e transforma sem cessar o *Todo da Vida*.

Isso não quer dizer que o que existe como um *Ser da Vida* ou como um *Cenário de Vida* no/do *Universo* ou na/da nossa Terra participa apenas da vida interior do todo da vida orgânica. Quer dizer que aquilo que vive e é vivo participa de maneira íntima e completa de uma dupla *Rede do Existir*: aquela que constitui a rede da dimensão da energia e da matéria, e aquela que configura a dimensão da energia e da matéria realizadas como Vida *na* e *como a* Biosfera: a esfera do existente na Terra e no Universo em que o existir é *Vida*.

A quarta idéia

A Vida cria e continuamente recria na Terra e a Terra. A Terra não é apenas fonte de Vida. A Terra é viva!

A todo instante, e de infinitas formas, a Vida recria a Terra de que é uma parte, um momento e uma dimensão múltipla, porque sem cessar ela participa daquilo que reelabora e reestabelece a trama e a teia das condições naturais de sua própria Existência. Uma vez surgida e existente no planeta, a Vida participa dos processos de orientação dos destinos da Terra. E participa deles na medida em que gera e regenera continuamente a possibilidade de reprodução e de realização ascendente da própria Vida.

A Vida não apenas existe na Terra que a acolhe como casa e nave errante no Cosmos. Ao existir na Terra, com a Terra e como a Terra, a Vida de algum modo torna toda a Terra também um Ser Vivo. Um ser planetário vivo e cheio de vida unitária e múltipla.

A Vida inaugura o tempo cósmico em que as interações, intercomunicações e interconexões *de/entre* tudo-o-que-existe – da mínima partícula de um átomo a todo Universo – transformam-se em uma modalidade de Relacionamento. A Vida é viável porque transforma os eixos, as teias e as redes de tudo com o que a ela se relaciona e com ela se intercomunica em um processo complexo de sair-de-si-mesmo-em-busca-do-outro. A partir daí "tudo são trocas", e só se preserva na Vida e como experiência da Vida aquilo que existe em interação na Teia das Trocas da Vida.

A quinta idéia

Tudo o que existe está situado *dentro*, está situado *entre* e está situado *em* algum tipo de relacionamento *com*. Está, assim, participando da Teia da Existência de uma maneira ou de outra, e de uma experiência única, irreproduzível, intransferível e irreversível.

Tudo o que vive, vive suas relações como uma complexa trama de alternativas e de escolhas de relacionamentos interindividuais, interpessoais e até mesmo intersubjetivos com os outros seres de criação, sustentação, equilíbrio, conflito e harmonia do mistério da Vida.

Cada Ser-da-Vida não existe isolado nem um momento sequer de sua existência. Isolado da Rede de Energia da Vida, qualquer Ser da Vida não prossegue no interior da Trama da Vida e, portanto, não existe. Até Deus não consegue existir sozinho.

Assim, o que é vivo e existe como um elo da Teia da Vida existe apenas *nas, entre as* e *através das* relações de troca que a cada momento estabelecem, transformam e recriam tudo o que envolve a realidade da vida *com* e *nos* seus círculos da Vida e da Existência.

Somos *a* e somos da Vida, porque estamos sempre e a cada instante vivenciando trocas com o ar, com o fogo, com a água, com a terra, com a luz das estrelas e com o calor do sol, com o passar do vento, com o sopro da Via Láctea, com a energia do nada, com o amor da fonte-das-origens chamada nas diferentes línguas humanas de nomes como: Deus, e criador tanto de uma pessoa humana quanto de um colibri.

A sexta idéia

No circuito dos Dons da Vida e, mais ainda, nos Círculos da Vida em que a consciência *reflexa* se transforma em uma consciência *reflexiva,* e no qual a *natureza* se transforma, também, em cultura e em que a Vida passa da associação coletiva para a organização social da Vida, tudo o que existe tem um sentido e se reproduz como uma experiência, porque sai de si mesmo em direção ao Outro. Sai de si em busca dos outros de seu círculo de Vida e de Sentido da Vida.

Está vivo o que troca: aquele que recebe do Outro porque antes deu a ele algo de si mesmo.

Assim sendo, o Eu de cada "coisa", o Eu de cada ser vivo existe apenas *como* e *na* relação de troca, isto é: no *relacionamento.* O Eu de cada Ser Humano não existe nunca como uma unidade em si; ele existe sempre como um momento individualizado das redes e teias de interconecções e de atribuição cultural de sentido a tais interações e suas tessituras de e entre seres, símbolos, saberes, sentidos, significados e sensibilidades.

O Eu de cada um de Nós é sempre um eixo e um elo em que a Vida *é* tornada *consciência reflexiva* de/sobre si mesma. Um ser em que a Experiência da Vida sente e sabe que sente; e se sente sabendo e se sabe sentindo. E sente um sentimento porque sabe o que sente e sente o que sabe, tornando as suas relações com qualquer outra forma de existência uma interação que envolve pelo menos um Eu e um Me. Da existência de uma das muitas formas pelas quais a Vida cria, reinventa e recria o *diálogo*, a *vivência humana* é provavelmente a mais complexa. O Homem não apenas vive, mas tem consciência da Vida, de Sua Vida e da inter-Existência da Vida na Terra, da qual ele participa como um momento e um elo.

Somos a espécie que através da palavra, da linguagem e da intercomunicação de sentidos e de saberes, pode se fazer sabedora e consciente de que o Eu-puro ou o Eu-em-Si é um Deus ou uma ilusão. Mas, se há um Deus, o que será Deus senão o encontro no amor de todos os relacionamentos entre todos os seres envolvidos em redes e nas teias de trocas solidárias de Energia, de Vida, de Emoção e de Significado?

Pois de algum modo tudo o que há entre Deus, Vida e Nós, de cada um de nós às mínimas formas e experiência de Vida, tudo o que há são Seres-em-Relação.

As idéias fundadoras de Martim Buber sobre o diálogo eu-tu entre Seres Humanos podem ser estendidas a todos os Seres da Vida, no interior de alguma das múltiplas dimensões possíveis entre o-que-é-vivo e participa da Vida.[1] De algum modo podemos imaginar que a menor unidade constitutiva do existir não é um Eu. É um *Nós.*

O Outro em interação comigo continuamente cria a mim mesmo. Eu existo somente como Unidade do Ser e Experiência Individualizada da Vida, *dentro das e através das* trocas de diálogos de Energia, de Vida, de Afeto e de Significados com os meus Outros: com os Outros de meu Eu.

Quanto mais vivo uma experiência pessoal de individuação – de crescente realização da Pessoa presente em minha experiência de ser um Ser da Vida – tanto mais me reconheço no meu Outro.[2]

Qualquer que seja a minha dimensão de vida, tornar-me "mais eu" significa sair de mim mesmo em busca do diálogo com o outro.

A sétima idéia

Nós, seres humanos – uma das muitas experiências de realização da Vida na Terra –, habitamos uma esfera especial de existência, de partilha e de diálogo.

De uma maneira qualitativamente diferente da de outros seres com quem compartimos a vivência do existir-como-Vida-na-Terra, nossas trocas em relacionamentos com o que existe, com o que é vivo e também entre nós, Seres Humanos da Vida, são realizadas, como já vimos, no trânsito da *consciência reflexa*, que tanto uma alface e quanto um beija-flor possuem, para a *consciência reflexiva e auto-reflexiva*. Aquela que nós possuímos ao nos pensarmos, por exemplo, em nossas relações com um pé de alface ou um com beija-flor.

Sabemos também que ao lado de um Eu que todos os seres vivos possuem no momento da individualidade de viver-em-relação, possuímos e somos também um me que nos sente e que nos sabe. Somos a possibilidade de criação de uma Esfera de Vida realizada espiritualmente como Consciência no Planeta Terra. Somos a aurora da passagem da Biosfera para a Noosfera.

Por meio de nós, seres humanos, de nosso modo de existir e da possibilidade de estabelecermos diálogos entre *Nós, a Vida e o Mundo* – diálogos realizados por um crescendo de consciência amorosamente reflexiva –, todos os relacionamentos processados *nas* e *entre as* teias e as redes da Vida podem ascender a uma nova dimensão de Existência da Vida.

Essa simples possibilidade já em plena realização no curso da História da Vida e de uma de suas dimensões: a História da Humanidade aumenta de maneira inimaginável nossa responsabilidade para com tudo o que é vivo e para com o Todo da Vida, aqui na Terra e, quem sabe, em todo o Universo.

A oitava e última idéia (por enquanto)

Somos seres destinados ao amor, à harmonia e à paz.

Somos uma experiência natural e culturalmente voltada para a colaboração e não para a competição. Para a solidariedade e não para a solidão. Para a busca solidária de caminhos e de soluções para os nossos dilemas comuns e não para a procura egocêntrica de ganhos em detrimento dos outros: outras Pessoas, outros Grupos Humanos, outros Povos, outros Seres da Vida.

Está em nossas mãos nos empenharmos juntos na aventura de reaprendermos, reescrevermos e revivermos outras maneiras de sentir e de ser, outros valores, outros modelos e outros sistemas de relacionamentos com a *Natureza* de que somos parte e que partilha com o Meio Ambiente e com a Vida presente nela.

Está em nossas mãos estendermos direitos essenciais da esfera social do Humano a toda a esfera existencial da Vida; daquilo que é

Vivo e existe como um momento de realização da Vida. Está em nossas mãos estendermos o círculo dos *direitos* e também dos *afetos e dos sentidos de Vida* a tudo o que é vivo.

Está em nossas mãos o destino da Vida e o de nós próprios, seres humanos na Terra. Podemos seguir o caminho do medo, da expropriação, do interesse fundado no ter, na utilidade, na competição, na concorrência e no primado da barbárie (entre Nós) e da destruição (para com a Vida).

Ou podemos buscar e descobrir à nossa frente o caminho do amor (o oposto do medo, mais do que do ódio ou do desprezo), da sustentabilidade, da generosidade fundada no Ser, da gratuidade, da cooperação, da solidariedade da paz entre Nós e da extensão da paz à Vida e à harmonia dos Cenários da Vida na Terra.

Está em nossas mãos sabermos passar de Senhores do Mundo e nos destruirmos, destruindo em pouco tempo o que resta de Vida e de Cenários da Vida em nosso Planeta, a Irmãos do Universo, estabelecendo uma relação amorosa e complexa de paz e de Concórdia entre nós e entre Nós e a Vida.

Notas

1 Em outros capítulos deste livro voltarei a este pensador judeu cujo livro principal, *Eu e tu*, São Paulo, Moraes, s. d., é uma leitura essencial aqui.

2 A palavra *individuação* provém aqui de idéia de Carl Gustav Jung e significa a capacidade humana de fazer, criar-se e tornar-se cada vez mais um si-mesmo. Nada tem a ver com a idéia corrente de individualização e, de certo modo, é oposta a ela.

Qualidade de vida, vida de qualidade e qualidade da Vida

O sumo bem é a própria Vida.

Bertold Brecht

> Também o desenvolvimento, noção aparentemente universalista, constitui um mito típico do sociocentrismo ocidental, um motor de ocidentalização forçada, um instrumento de colonização dos "subdesenvolvidos" (o Sul pelo Norte). O desenvolvimento, do modo como é concebido, ignora aquilo que não é calculável nem mensurável: a vida, o sofrimento, a alegria, o amor, e o único critério pelo qual mede a satisfação é o crescimento (da produção, da produtividade, da receita monetária). Definido unicamente em termos quantitativos, ele ignora as qualidades da existência, as qualidades da solidariedade, as qualidades do meio, a qualidade de vida.
>
> *Edgar Morin*

Edgar Morin: ser feliz na sociedade-mundo

A primeira epígrafe deste capítulo suponho que seja de Bertolt Brecht. Digo "suponho" porque a encontrei escrita em um muro de Campinas, sem qualquer outra referência a não ser o nome do autor, tal como é costume entre os bons grafiteiros.[1] A segunda é de Edgar Morin, e devo confessar que também a encontrei por mero acaso. Ela ocupava quase uma página inteira do caderno A da edição de domingo de 31 de março de 2002 da *Folha de S.Paulo*. Algumas observações de seu longo artigo "Por uma globalização plural" deverão nos acompanhar nas primeiras páginas destes escritos. O oportuno achado de sua longa crônica em um jornal brasileiro tem muito a ver com o tema deste capítulo. Mas antes de voltar a ele e tomá-lo como um indicador de rumos para pensarmos algo proveitoso ao redor da *qualidade de vida*, quero fazer "um pouco de semiologia" a respeito de como o mesmo jornal usou quatro páginas do *caderno A*. Sabemos que, não só nos meios de comunicação de massa, às vezes o que vemos e como vemos o que vemos, nos diz mais do que o que lemos dentro do que vemos. Pois bem, vejam vocês.

A página A-17 é ocupada pelo artigo de Edgar Morin. Mas para um caderno de abertura de um grande jornal as duas páginas seguintes surpreendem de verdade. E por quê? Porque elas se vendem a um caro anúncio imobiliário. Sobre um fundo verde em exagero – para que tudo seja artificialmente natural e o produto posto à venda sugira os melhores dons da natureza – uma companhia de planejamento e comercialização de imóveis anuncia seu fantástico lançamento. Um prédio de apartamentos no Brooklin Paulista se erguerá sobre um terreno de 9.870m². E entre verdes e cinzas oferecerá aos seus raros e felizes futuros compradores "um apartamento por andar" com área privativa de 238m², quatro suítes e quatro vagas na garagem, além de duas piscinas olímpicas e academias completas de ginástica.

Claro, em uma cidade violenta o perigo fica "lá fora" e o imóvel é absolutamente protegido e seguro. A quem puder adquiri-lo, ele será mais um desses pequenos paraísos isolados por muros e policiais solícitos, homens com rádios e revólveres e que saberão separar o lar e a vida de quem pode pagar caro pela "qualidade" das maldades do "mundo" e de suas pessoas "desqualificadas". O anúncio não estampa o preço dessa rara imagem de custosa felicidade, por certo vendida mesmo aos ricos ao custo de várias prestações.

"Lá fora" estão os outros. Isto é, "eles" e "nós". E a página logo a seguir, a A-20, os estampa. Os rostos escuros e, aos olhos da Europa, por certo horrendos e ameaçadores demais, de oito africanos. Oito fugitivos, imigrantes clandestinos detidos pela polícia antes de chegarem à Fuerteventura, na Espanha. Não se vê o rosto de dois e o outro sorri, amargo. A matéria ocupa também uma página inteira e parece completar, ponto por ponto, parágrafo a parágrafo, boa parte do que defende e espera Edgar Morin duas páginas antes. Em direção oposta à solidária sociedade-mundo de Morin, a reportagem tem a seguinte manchete: *Terrorismo abala os fluxos de imigração – fechando as portas – ataques de 11 de setembro levam a maior vigilância de fronteiras e à rejeição de estrangeiros sem qualificação.*

O que a notícia diz com o exemplo dos EUA, da Austrália e dos países da Europa é o que já sabemos todos. Os atentados à Nova

York aceleraram, intensificaram e serviram de motivo para um fechamento ainda maior dos "países ricos" – quase todos eles colonialistas no passado ou mesmo no presente – às pessoas e às famílias pobres da África, dos vários "Orientes" e da América Latina. Bem sabemos que em um mundo onde a retórica da globalização às vezes pretende confundi-la com a "Pátria Global" regida por leis de mercado, não há como gerar e expandir medidas de segurança para "nós" e um contraposto controle da vida e da vinda do "outro". O "outro" somos nós, os situados fora da "Comunidade Européia", por exemplo, mas são, entre "nós", de preferência "eles": o negro, o pobre, o mestiço, o desesperado de fome e de desamparo, o perigosamente diferente, a quem as injustiças do mundo do capital preferem que seja apenas um desigual posto à margem da economia, da qualidade *de* vida e da felicidade.

Assim, eis que entre quatro páginas de uma edição de domingo de um jornal brasileiro atravessamos três momentos em que alguma dimensão disto a que daremos aqui o nome de *qualidade de vida* é dito, sugerido ou negado. Algum modo de ser e ser vivido, ou algum estilo de qualidade *de* vida se anuncia ou silencia, ora pelo que se defende dela, naquilo que há nela de genuíno, como viemos e veremos ainda nas palavras de Edgar Morin. Ora no que como ela se apresenta como padrão de bem-viver caro, e rara oportunidade ofertada a poucos. Ora, e em uma dimensão ainda pior, no anúncio de como o lado rico e norte do mundo se fecha para proteger os seus do mal que vem de fora, dos pobres e desqualificados da Terra. Daqueles a quem se deve negar, em nome de um falso direito submetido ao poder e ao dinheiro, uma *vida de qualidade*. Pois já que ela não é para ser destinada à partilha de todos, que se destine de maneira hierárquica à minoria dos que podem se cercar de luxo e de proteção contra a ameaça do outro. De outros seres humanos, entenda-se.

Recordemos uma oposição antiga, porém mais presente *em* e *entre* nós nos dias de hoje do que nunca antes, que divide sensibilidades, sentidos e significados de compreensão do Mundo, da Vida, e da Pessoa Humana. Não há como fugir dela quando se pensa ou se debate questões como o *desenvolvimento*, em que a pergunta original é: "qual o modelo de desenvolvimento?" O *desenvolvimento econômico* regido por leis financeiras de produção, ou o *desenvolvimento humano*, guiado por princípios de igualdade, inclusão e sustentabilidade? Ou ao redor de questões como a *educação*, em que a pergunta essencial bem poderia ser esta, tríplice: qual educação para formar qual tipo de pessoa, para criar ou viver em que tipo de mundo social?

Uma educação dirigida ao indivíduo ou uma educação dirigida ao cidadão? Uma educação para a instrução do produtor-consumidor competente e competitivo, destinado ao mercado de bens e de serviços regido pela lógica do capital financeiro? Ou uma educação para a formação do criador-cidadão participante e solidário na construção de mundos sociais guiados pelo diálogo e pelo desejo amoroso da partilha e da reciprocidade?

Não há como fugir dessas duas concepções, ora apenas diversas e ora francamente contrárias, a respeito do tema e da vivência que nos une. Quero trazer então uma outra pergunta, e ela poderá nos servir como uma espécie de guia de rumos na pequena e aventurosa viagem que nos propomos realizar juntos. A pergunta antecipa a essência de tudo o que pretendo falar sobre o dilema da escolha dos critérios de *qualidade de vida*. Ela é assim: ganhar, ter, possuir, reter e acumular para si mesmo, como a posse de algo que se conquista, uma qualidade de vida? Ou viver e ser com outros um momento e uma dimensão de uma vida *de* qualidade em direção a uma solidária qualidade *da* Vida, ao mesmo tempo pessoal e coletiva, que se cria e solidariamente se partilha a cada instante?

Fiz as perguntas, mas vocês verão daqui em diante que eu não tenho propriamente as respostas. Acredito poder esboçar algumas intuições para dizer aquilo em que creio e para confidenciar a vocês tudo o que aos poucos procuro aprender a viver e praticar em minha vida. Assim sendo, penso que o melhor caminho de nossa viagem seria propor, passo a passo, alguns rascunhos de imaginários e de princípios trazidos para o nosso diálogo, como se fossem pontos de partida tomados como indicadores para pensamos o que seria viver e conviver com uma *vida de qualidade* na construção de uma *qualidade da Vida*.

Eis o roteiro, comecemos juntos a nossa viagem.

Qualidade *de* vida, vida *de* qualidade, qualidade da Vida: alguns pontos para pensar semelhanças e diferenças.

Primeiro

A razão de ser da vida é a própria Vida.
A qualidade de vida não precisa e nem merece ser medida.
Mas se houver medida para ela, o seu indicador de "qualidade" é a dimensão de sua própria densidade. É o sentido densamente humano de sua experiência na Vida e como Vida.

Não somos menos do que a semeadura das estrelas.

E não devemos nos sentir nem mais e nem menos do que filhos da Vida e irmãos de tudo o que há e que de algum modo vive aqui em nossa casa-nave Gaia ou em todo o Universo. A Vida que há e que flui, una e múltipla, perene e instantânea, eterna e instável, criadora e destruidora, e que tudo enlaça. A mesma Vida que a cada instante coloca cada um de nós em interações de variadas densidades com todos os outros seres. Com os seres humanos e também com todos os outros seres da mesma maravilhosa e indivisa fonte de energia. Pois essa Vida de que somos tanto uma experiência única e irreproduzível quanto uma pequena parte e um instante de partilha, é ela e o que podemos ser, viver, criar e transformar dentro dela e nela, a fonte original de tudo o que merece o nome de *qualidade de vida.* Assim, parto da idéia e da imagem de que, tomada no singular, a *qualidade de minha vida* é um momento de minha partilha na construção sem fim da *qualidade plural da Vida.*

O primeiro critério de *qualidade de vida* deve ser, portanto, o significado que atribuímos interiormente, e o sentimento com que vivemos socialmente a experiência de sermos uma fagulha do milagre da própria Vida. A consciência de que o nosso primeiro ato de busca de *qualidade de vida* é um gesto de compreensão de como e do quanto somos co-responsáveis pelo equilíbrio e por um crescendo infindo das condições planetárias da *qualidade da Vida*.

Conhecemos bem a passagem mais divulgada da carta que diz: "tudo o que acontecer à Terra acontecerá aos filhos da Terra". Mas essa frase sábia, quase sempre associada à ameaça do mal que nos atingirá se nos voltarmos com ferocidade à Mãe-Terra, pode ser pensada também pelo seu outro lado. Pois todo o bem que pudermos amorosamente devolver à Terra e à Vida que nela habita e que a regenera e reequilibra a cada momento, haverá de voltar a nós, sob a forma de uma múltipla vida reverdecida, revivificada, repurificada, renascida, reequilibrada e requalificada. E terá sido em outra passagem da mesma carta, ou em um outro escrito, que esse mesmo homem ou um outro chefe indígena norte-americano escreveu um dia: "nós não herdamos a Terra dos nossos antepassados. Nós apenas a tomamos emprestada aos nossos filhos".

Como um Ser da Vida e unido a ela por todos os laços e ao longo de toda a minha existência, a primeira *qualidade de minha vida* está na árvore que eu semeio, na planta de que eu cuido, nas águas que não poluo e purifico, na medida generosa e equilibrada dos gestos, dos sentidos e dos sentimentos com que realizo a cada manhã meu trabalho cotidiano. Está no carinho do trato e na parcimônia simples e amorosa com que me volto aos bens da Terra. Com que me volto a eles, não para me apropriar deles sem medida, de maneira avara e interesseira, mas para conviver por meio desses *bens da vida* com o próprio *dom da vida*. Assim, o primeiro critério da *qualidade de vida* está na forma como participamos e nos sentimos participantes do mistério de toda a vida: dentro de nós, entre nós e à nossa volta, por toda a parte.

Em termos da ação de todos os dias, esse preceito deverá nos impelir a algo bem além de simplesmente "preservar o meio ambiente". Essa é a proposta anunciada na propaganda de várias empresas empenhadas em desmatar o mundo em busca de riquezas, pois a eles apenas isso já basta. Mas nós podemos pensar em criar uma nova e amorosa *ambiência*.[2] Uma outra maneira de convivermos entre nós e com o meio ambiente, com a Vida e com o estofo natural da Vida, como quem percebe em cada ser um elo da teia que permite a nós mesmos estarmos vivos e abertos à comunicação com os outros e a Vida através de nossos corpos e de nosso espírito. Recriar interações estendidas para além do contrato social pensado por Jean-Jacques Rousseau. Novas conexões de gestos e de sentimentos fundadas sobre a amorosidade e o respeito, como o cuidado amoroso do *Ser no ser* de cada ente vivo e na crença de que tanto a paz quanto tudo o que torna viável a sua presença perene entre nós são realizações possíveis e são criações de nós mesmos a cada instante de nosso viver em comum com a própria Vida.

Segundo

Não sendo mensurável por meio de indicadores de "quantidade da qualidade", *a qualidade de vida* não é e nem depende de uma crescente estocagem de bens que se "tem".
Ao contrário, essa qualidade reside no crescendo das interações de dons naturais, sociais e espirituais partilháveis na experiência crescentemente solidária de uma vida que se "vive" e de uma vida que se "é".

Este bem pode ser o momento em que devemos nos sentir tentados a inverter a ordem dos termos. Assim, em lugar de *qualidade de vida,* em que a *vida* aparece como algo que se aplica também, e com muita freqüência, aos serviços e aos bens do mercado, podemos trocar os termos. E, então, falaremos em uma *vida de qualidade*. Sim, uma *vida de qualidade* em que, agora sim, é ela, a *vida,* quem antecede a preposição, e com todo o peso de um substantivo essencial e insubstituível, exige do seu qualificador que ele se defina.

Pois em tempos em que consumir bens é continuamente apresentado como fonte de "qualidade de vida" e até mesmo de "felicidade na vida", é muito importante recuperarmos um sentido mais humano como o fundamento do próprio *valor-vida.* Um primeiro passo nessa direção nos convidaria a ousarmos passar do circuito dos objetos de posse para o círculo dos dons de troca e de partilha. E, por esse caminho, aprendermos a viver essa passagem, a começar por sentir a *vida* e a *qualidade de vida* como experiências pessoais e comunitárias do *bem* que se constrói interiormente e interativamente, de dentro para fora. Como isso e não como uma posse de *bens* que se compra ou se conquista individual ou corporativamente.

Sobretudo em nosso mundo ocidental e no Norte rico, a cada dia mais e mais a posse e o uso acumulável e crescente de bens materiais são propagandeados como a única razão ou como uma das razões primordiais da vida e do trabalho humano que a reproduz. A realização individual, assim como a de coletividades, aparece na lógica do mundo do mercado como uma seqüência infindável de conquistas e de acumulações de postos, de privilégios, de poderes e de bens materiais.

A insistência com que os verbos "fazer", "ter" e "conquistar", em lugar de "ser", "criar" e "realizar", precedem palavras que sugerem os mais desejados sonhos da vida de todos nós, bem indica a maneira como a ação instrumental, tornada real na posse de coisas e na conquista de posições sociais, é cada vez mais o espelho daquilo em que se vê refletida a pessoa socialmente feliz, isto é: "rica" "famosa" ou "de sucesso". Pois é mais ou menos assim que dizem os verbos da *qualidade de vida* vendida como posse de bens: "fazer um bom casamento", "ter um bom emprego", "possuir um alto padrão de vida", "vencer na vida", "conquistar uma posição de sucesso", "ser alguém na vida". Ou seja, ter conquistado e acumulado bens, posses, poderes e prestígio em quantidade suficiente para, então, se sentir alguém de "qualidade".

Por outro lado, sabemos já há algum tempo, que os frutos de um *desenvolvimento econômico* bem dirigido deveriam traduzir-se em uma variação para melhor dos direitos eqüitativos aos bens adquiríveis da Terra e da Vida. Bens que, na verdade, são aspirações e são direitos humanos de cada um de nós. Mas bens cuja discreta soma aparece, em medidas sempre enganosas, como a própria razão de ser do trabalho humano realizado como forma de desenvolvimento econômico: educação, saúde, alimentação, vestuário, habitação, comunicação, trabalho, lazer. Desde vários anos atrás até os dias de hoje, essas "coisas" são tratadas como efeitos sociais desejados do desenvolvimento. E, assim, tornam-se os indicadores materiais e os critérios confiáveis da medida da *qualidade de vida* de pessoas, famílias, comunidades e povos inteiros. Mas, sabemos, elas são apenas a condição mais elementar. São o alicerce da casa em que se vive e não a própria vida que deverá ser vivida ali.

Estamos hoje, ainda, como nos anos do passado próximo e distante, diante de um dilema que somente nós mesmos poderemos resolver. E é importante que cheguemos a uma compreensão clara a seu respeito, pois do que decidirmos e do que viermos a fazer *no* e *com* o nosso Mundo, dependerá o destino não apenas da qualidade, mas da própria existência da Vida no planeta Terra: o aumento harmonioso da qualificada vitalidade disponível a cada um e a todos os seus seres, ou a quebra progressiva da fertilidade, da biodiversidade e, no limite, o aniquilamento. O dela, Vida, e o nosso, seres vivos.

Uma direção das perguntas de nosso dilema é esta: a natureza de que somos parte e de cujos recursos esgotáveis e infindáveis depende a nossa vida e o teor de sua qualidade é um estoque utilitário de existência mecânica de matéria e de energia a serviço exclusivo de nossos interesses de sobrevivência, de bem-estar, de acumulação de bens e de enriquecimento? Podemos nos relacionar com o mundo natural através de atos de dominação em favor de proveitos materiais? Proveitos cujo único horizonte visível é o aumento de nossa egoísta *qualidade de vida* e da soma desigual da qual resultará um empobrecimento contínuo e ameaçador da *qualidade da Vida?*

Mas a outra direção das perguntas de nosso dilema é esta: ao contrário, a natureza de que somos parte e partilhamos é um cenário múltiplo e complexo – tal como o nosso próprio coração, tal como a nossa própria mente – de uma holística, interativa e integrada presença orgânica e também espiritual de matéria e de energia realizadas como o milagre da existência e, portanto, possui em si mesma e em suas teias e tramas da Vida o sentido e a razão de ser de sua realização?

Sendo nós, seres humanos, a dimensão de consciência reflexiva e de sensibilidade meditativa da experiência da Vida, devemos compreender a natureza como aquilo que nos nutre e nos mantém vivos e permite o desdobramento de nossas vidas pessoais, de nossos mundos de cultura e da história humana, como algo que passo a passo vivemos, criamos e escrevemos, obtendo da Vida, através de uma polissêmica relação em que a comunicação substitui a dominação, o suficiente para vivermos uma vida de qualidade, harmoniosa e amorosamente sustentável?[3]

Uma adesão afirmativa às respostas da segunda direção proposta anteriormente deverá nos convocar a uma passagem progressiva e afortunadamente inevitável. Passarmos de uma *quantidade possuída de qualidade de vida,* cuja medida é a "posse do ter", para uma experiência de *qualidade partilhada da vida* centrada no "dom do ser". Todo o conjunto de nossos critérios do *valor-vida* deverá então ser revisto em nome desse propósito. Em nome dessa passagem da qual depende tanto a nossa felicidade presente quanto a existência, em uma Terra fecunda e feliz, de seres como nós, com o direito de serem também felizes num mundo presente e futuro.

Terceiro

> A *qualidade de vida* não é uma conquista pessoal que se alcança por meio de atos de competência e competição. Ela é uma construção social que se edifica por meio de gestos solidários de livre co-responsabilidade e de amorosa partilha.

Bem antes de ser um *direito* de alguns sobre a privação de outros, como uma espécie de contra-direito fundado em princípios de desigualdade, a *qualidade de vida* é um *dever* de pessoas nascidas ou tornadas diferentes por opção, por origem étnica, religiosa ou o que seja, mas socialmente iguais e igualadas em seus direitos essenciais. Em seus direitos humanos tomados na sua plenitude e no propósito comum de construção partilhada de mundos de pessoas livres, não-excluídas, co-responsáveis e criativas. Um tipo de sociedade em que tudo o que realiza os fundamentos da *qualidade de vida* deve estar ao alcance de todas as pessoas, ou de nenhuma. A *qualidade de vida* na sociedade desigual desqualifica a vida e a sociedade.

Quase toda a propaganda do mundo do mercado de bens e de serviços insiste em nos sugerir grandes vôos "de mentira", ao mesmo tempo em que nos puxa sempre para baixo, incentivando o desejo de qualificarmos a vida pela conquista do que pode ser comprado, em vez da ousadia de criarmos por conta própria o que deve ser vivido.[4] Essa propaganda poderosa, mas não invencível, assim procede porque, de uma maneira parcialmente oculta e bem disfarçada, a sociedade que o mercado neoliberal pretende gerar e globalizar é o lugar social em que na verdade não somos sequer os produtores impessoais daquilo que a ele mais interessa: a mercadoria. Aos poucos, enganosamente a sociedade edifica o mercado de tudo e de todos, no qual somos, agora, a mercadoria. E uma mercadoria cada dia mais descartável, como a maior parte dos bens fúteis de venda que a cada dia de sua vida produz o trabalhador à beira da indigência: mais de dois quintos da população do planeta Terra.[5] Somos nós, seres humanos, os bens de uso e de troca de que se serve o mercado globalizado que superqualifica alguns poucos ao desqualificar quase todos, ao mesmo tempo em que de maneira ilusória parece – como os seus diversos produtos, como as suas empresas, como os seus poderes – estar colocado inteiramente a nosso serviço. Ao serviço da felicidade de todos.

Uma leitura um pouco mais atenta do que há dentro, por debaixo e no horizonte da *qualidade total* bem serviria para retirar de seu rosto impiedoso a máscara de onipotentes e generosos bons senhores com que os emissários do mundo dos negócios nos olham e nos ditam os seus valores e preceitos. A começar pela sutil mensagem em que "você não é como os outros", como se os meus outros fossem a minha ameaça e não a minha comunidade de destino. Como se "vencer na vida" fosse colocar-se à frente, ultrapassar quem melhor seria se estivesse a meu lado. E subir degraus por sobre os ombros de pessoas como eu e que esperavam de mim o gesto de quem estende a mão amorosa. E não o punho fechado.

Bem sabemos que todo o progresso da ciência e da tecnologia, desaguado em sua maior parte no binômio poder-interesse das empresas industriais não criou de modo algum, na aurora do Terceiro Milênio, a "sociedade de abundância". Ele criou, ao contrário, a sociedade globalizada da reiteração da desigualdade e da exclusão, da injustiça, da servidão bem disfarçada, da subserviência dos que trabalham, diante dos que podem, quando querem, oferecer empregos. A sociedade global da falsa liberdade e da massificação dos significados, das sensibilidades, dos sentidos de vida e das experiências interativas de sociabilidade.

Bem ao contrário do que imaginam tantos, a sociedade que a empresa de vocação neoliberal impõe e consolida exila da própria vida cotidiana a originalidade das alternativas de diferentes vidas privadas. E ela realiza isso na medida em que, passo a passo, estende o seu poder de controle sobre esferas mais e mais pessoais de interações entre as pessoas que somos, os diferentes atores sociais dos diversos cenários diários de trabalho, lazer, estudo, vivência familiar, vida religiosa e outras mais.[6]

Ora, a *desqualificação da vida* é, em boa medida, a perda de *qualidade da Vida cotidiana.* É o exílio dos direitos da pessoa no viver de cada dia e nas esferas mais íntimas de suas interações. Em direção oposta, a construção universal da *qualidade de vida* como um projeto social envolve a regeneração do frescor original dessa dimensão mais sensível, mais olhos-nos-olhos e gesto-a-gesto e, por isso mesmo, a mais criativa e mais fragilizada do mundo da vida em que nos destinamos viver.

Devemos recuperar com a maior urgência o nosso direito mais essencial. E qual é ele? É o direito-dever de sermos nós próprios os criadores de nossos direitos, de nossas leis, de nossas constituições e dos critérios de valor da vida e de sua qualidade. Uma das imagens mais enganosas com que convivemos é a de que somos sujeitos de direitos tão universais e tão naturais que eles nos devem vir "naturalmente" como uma dádiva, como uma outorga. São instâncias do poder de Estado, são entidades de poder misto ou, mais agora do que antes, são empresas de negócios disfarçadas de agências de serviços, aquelas que nos devem oferecer ou outorgar de maneira contínua e satisfatória os serviços e os bens que compõem o repertório de "coisas" de uma *vida de qualidade*. Coisas que vão dos planos de saúde aos de previdência social, da telefonia celular aos bens da cultura. E assim pensamos com freqüência que à medida que desempenhamos, através de nosso trabalho profissional, as tarefas diárias com que podemos nos sentir e nos apresentar aos outros como pessoas de bem e bons cidadãos, tudo o mais que toca as nossas vidas e a de outras pessoas é da competência de atores sociais e de instâncias públicas e civis destinadas a criar, na sociedade desigual, a ilusória distribuição dos ingredientes mensuráveis de uma falsa *qualidade de vida.*

Não deveria ser assim. Não deve ser assim. Vivemos a partilha da democracia ativa quando, em vez de delegarmos a outros o dever de construírem para nós os termos de nosso mundo e os dos direitos humanos de nossa vida social, assumimos nós mesmos a tarefa de fazê-lo. Sou uma pessoa cidadã de uma sociedade a caminho de ser livre quando eu mesmo crio com outros como eu, os termos jurídicos, políticos e de outras naturezas culturais de minha própria vida, como um dever social criador de direitos. Quando toca a mim, pessoa responsável e criadora, fazer existir os termos de regência da qualidade de minha vida cotidiana e do mundo de interações em que a compartilho com outras pessoas. Pessoas com quem convivo como atores co-responsáveis pela construção solidária do meu-nosso mundo de direitos. Entre eles, todos os direitos da pessoa que tornam a nossa vida, em todos os planos e dimensões, uma *vida de qualidade*. Se considerarmos a *qualidade de vida* um cenário de síntese dos direitos e dos valores humanos mais genuínos e não um acréscimo desigual de bens, regido por princípios de hierarquia e de desigualdade, não devemos esquecer que criamos os direitos que construímos como um gesto solidário de dever responsável. O que é algo bem diferente de nos deixarmos iludir pela idéia de que desigualmente conquistamos os direitos que os que estão acima ou além de nós nos doam, outorgam ou, o que é pior, nos vendem.

A vida que vivemos somos nós que criamos.

E a dimensão de qualidade que é dada a ela é a que construímos a cada instante. Ou somos nós mesmos os co-autores da orientação cultural e da construção social de nossos direitos ou não merecemos nenhum deles. Fora isso, tudo o mais são projetos de má política, como sugerem também as pessoas que, como nós, delegam ao poder situado fora de nossas vidas o dever de criar nossos direitos. Tudo o mais são os maus negócios que anunciam aos iludidos que os bens da vida são, como tudo o mais, uma outra mercadoria. E nem seria um exagero imaginarmos que a qualidade-síntese de todas as outras de nossas vidas é a possibilidade de a estarmos sempre revendo e pondo tudo o que nos cerca em questão; construindo e reconstruindo. "Só habita quem constrói", escreveu Martin Heidegger. Que isso valha para pensarmos a morada da vida em que sonhamos viver.

Quarto

Na aurora da Era do Conhecimento é preciso lembrar que o aprender a saber e o saber criar conhecimentos não são atividades instrumentais subordinadas ao dever do trabalho, à conquista de poder e à busca do prazer como finalidades da vida humana. Ao contrário, eles são em si mesmo as razões originais do realizar-se da vida humana.

Para além do que materializa e confere substância instrumental à *qualidade de vida*, o que a eleva a critérios verdadeiramente humanos é a sua dimensão de interioridade. Tudo o que de fato qualifica vai do exterior ao interior e do acidental ao essencial. Não fomos destinados à servidão do trabalho e nem condenados a nos exaurir no mero prazer do conforto. Uma coisa e outra são instrumentos. São alicerces para que pessoas, grupos e comunidades humanas criem condições de viver em crescente plenitude a vocação mais verdadeira de *vida de qualidade*.

Uma crescente materialização instrumental e utilitária dos critérios de *qualidade de vida* quase nos ilude. Quase nos engana todos os dias ao fazer representar critérios importantes, mas que constituem apenas um meio instrumental para que a vida humana seja plena e digna, como a coisa mais essencial por ser aquilo que é ou deveria ser o grande vôo da vocação e nossas vidas. Todos nós necessitamos de segurança, saúde, previdência, paz, conforto e bem-estar. Mas não nascemos apenas para isso e nem nos destinamos a usufruir alguns benefícios, entre essenciais e supérfluos, derivados da ciência e da tecnologia. Não fomos feitos para vender o trabalho que nos permite apenas comprar conforto, bem-estar e segurança.

Não nascemos, pessoas humanas que somos, seres do espírito aberto ao infinito e à imaginação infinda, para acreditarmos na ilusão que nos engana ao dizer que a conquista individual de fama, fortuna e poder é o maior propósito de uma vida realizada. Uma vida medida cada dia mais por tabelas de *ranking*. Por medidas classificatórias em que para cada mínimo gesto de realização da experiência humana há uma escala que desiguala e classifica, na qual a imagem do "executivo de sucesso" é o seu melhor espelho. Tudo o que me classifica e me opõe a outros, uns "acima" e outros "abaixo" de mim em uma régua de medidas fundadas sobre o "sucesso" e a "conquista" de algo posto em perene competição, torna-me um exilado do direito de me sentir parte da vocação do dever de criar com os meus companheiros de destino o mundo social onde nossas vidas venham a ser, sem medidas, experiências pessoais e coletivas de uma vida de plena qualidade humana.

Como dito anteriormente, quando nos descobrimos, interior e interativamente, como uma fração conectiva do mistério da Vida, ela própria, em nós, entre nós e onde quer que esteja, torna-se o primeiro critério de valor, e envolve todos os outros indicadores de uma *vida de qualidade*. Assim sendo, empenhamo-nos em reverdecer o mundo e em reequilibrar o meio ambiente de que somos uma fagulha não deveria ser uma ação interesseira e utilitária. Pois não haverá de ser apenas para nós próprios, para os nossos usos e nem mesmo para o bem das gerações que nos virão suceder aqui na Terra que deixaremos de exaurir os seus recursos e de poluir cenários que vão do ar e da água da Amazônia ao pequenino quintal de minha casa em Campinas. É por ela própria, Vida, e é pelo que somos e temos com ela em comum. Não salvo do machado um Jatobá para que ele me dê sombra ou madeira. Salvo-o para que ele viva, como eu e comigo, a mesma maravilhosa experiência de sermos e compartimos, como seres diferentes, mas não desiguais, a mesma Vida.

Esse sentido radical de valor de essências, bem para além das ilusões de fácil ou cara compra e venda, deve valer também para as nossas exigências e para as nossas co-responsabilidades na construção de uma *vida de qualidade*. Aos poucos vamos nos libertando da imagem do ser humano como um servo do trabalho. Ao longo da história do Ocidente e quase sempre subordinado aos ganhos dos que tomam em seu proveito os frutos do trabalho de muitas mãos e de muitas mentes, o trabalho a tal ponto foi sacralizado e tornado a medida do valor humano, que nos acostumamos a pensar que o direito a viver uma *qualidade de vida* plena começa e acaba no dever do trabalho produtivo. Da mesma maneira como a razão de ser de uma *vida de qualidade* está em ela ser a utilidade de uma vida sempre pronta a realizar-se como trabalho e através do trabalho.

Sabemos hoje que não é assim. Pelo menos, não é exatamente assim.

Não fomos feitos para termos como prioridade de vida o serviço ao trabalho. Não nos destinamos a vender o corpo e o espírito a um mercado que compra quem quer e deixa quem quer à margem, como tem acontecido a tão grande número de pessoas em todo o mundo. Pessoas tornadas servas ou marginais a algo tão utilitário, tão servil, tão injustamente imposto e tão impessoal. Mesmo na virada do milênio, quando por toda a parte foi antecipada uma humanidade que instaura a "civilização do conhecimento", a "idade do saber", ou a "era da consciência", com que freqüência a medida do valor do próprio conhecimento que funda a era humana que diante de nós se abre acaba sendo a produção ilimitada de bens e de serviços através do trabalho, ao lado da acumulação derivada do poder.

"Pode mais quem sabe mais" tem sido uma das expressões mais desalmadas e, no entanto, tão corriqueira destes nossos tempos. Assim como a sua irmã má: "o sucesso depende do saber". Instrumentalmente verdadeiras que pareçam ser, essas frases desumanas demais para serem tão veiculadas, inclusive em propaganda de escolas e de universidades, revelam apenas o lado mais utilitário daquilo que é, assim como o amor, a verdadeira vocação da aventura humana: a perene invenção do saber. A descoberta do conhecimento que se constrói a cada instante, o aprendizado, sempre efêmero, sempre infindo que se pode viver a cada momento de uma vida individual ou comunitária.

Ao lado da liberdade, do direito à igualdade na diferença, do pleno respeito à pessoa de cada um de nós, essa outra vocação humana deveria ser tomada como um critério de base da *qualidade de vida.* Se *vida de qualidade* é a vida de uma pessoa ou de grupos humanos que assim se criam ao partilharem, a cada momento, o direito-dever da construção de suas próprias *qualidades*, então, assim também deve ser com a experiência da pessoa como um sujeito criador. A experiência de realizar-se reinventando-se sem cessar. A aventura de viver a ousadia de fazer-se fundador de si mesmo em todos os campos possíveis em que, na pessoa de cada um de nós, isso é viável. E isso se faz quando o aprendizado do corpo e do espírito vem a ser uma ativa vivência de co-criação de conhecimentos em todos os campos e planos em que possa caminhar e alçar vôo a mente humana. Isso se faz quando o saber-que-se-sabe, porque se partilhou de sua própria construção, transforma-se de maneira crescente e infindável em autoconsciência. Transforma-se em amorosa consciência dos outros e em co-consciência do Mundo. De um mundo humano que somente poderá ser transformado por meio dos gestos do coração e da mente dos seres que somos destinados a ser.

E é aí que imagino o lugar de prioridade (mas sem escalas e sem comparações) que ocupa na *qualidade de vida* a vivência do *aprender a saber* sem termos e sem limites. E eu coloco essa experiência ao lado de sua outra face: o criar saberes na medida em que se aprende.

Se somos seres da consciência reflexiva, do símbolo, do significado e da cultura, o saber através do qual tudo isso se transforma em gestos humanos é a matriz geradora da própria realização de nossas vidas. Espero que essa afirmação não tenha a ressonância de um retorno ao iluminismo de séculos passados. Não se trata, de maneira alguma, de uma glorificação da razão humana e dos seus poderes. Mais adiante, quando falarmos sobre a emoção e o amor, o próprio lugar do saber na vocação humana deverá ser redimensionado. Mas um crescimento sem limites de nossa capacidade de decifrar mistérios e de transformar conhecimentos em atos de certificação da Vida e de desenvolvimento harmonioso e sustentável de nossas sociedades é o caminho para uma progressiva transformação de sujeitos sabedores em pessoas sábias. E desde os gregos antigos aprendemos que a sabedoria generosa e humilde são o caminho de nossa própria humanização.

Mais do que ao trabalho, estamos destinados a aprender a saber, como uma atividade perene ao longo da vida, dentro e fora das estruturas e dos cenários da educação formal. Ao longo dos gestos com que criamos com e entre outras pessoas o conhecimento, como um saber que não serve ao próprio *conhecimento*, a não ser quando ele mesmo se transforma em *compreensão*. Ou seja: aprender e apreender com; viver através do com-saber experiências cada vez mais densas e mais fecundas de diálogo consigo mesmo, como o outro e com a vida. Pois assim como a informação serve ao conhecimento e o conhecimento serve à compreensão, a compreensão deve servir à comunicação e, através dela, à comunhão. A frase bem conhecida: "só se aprende o que se ama" pode ser completada assim: "...e com quem se ama". E, ainda: "e para conviver com o que e com quem se ama".

Devemos preservar do trabalho a boa imagem que temos de nós mesmos como seres capazes de socializar a natureza e de humanizar o mundo. Mas isso qualifica vidas apenas quando agimos em comunhão com ambos, de maneira em tudo oposta a um ânimo de dominação e de conquista. E se não nos cabe servir ao trabalho servil do capital, sabemos que em um mundo solidário é ele, o trabalho, quem deve nos servir. Pois é através dele que instrumentalmente nos realizamos em interação com outras pessoas e com a Vida. Por isso mesmo é importante livrar o próprio saber de um sentido de utilidade instrumental, às vezes tão presente na avaliação de sua qualidade, de seu valor. Apenas a dimensão mais superficial de uma pessoa está destinada a aprender capacidades para a realização de habilidades funcionais e produtivas. Todo o Ser de nosso Eu mais verdadeiro e mais profundo tem como destino viver a perene descoberta de segredos e o inacabável decifrar dos mistérios do que existe e também do que pode ser imaginado.

Mais do que nunca vivemos agora um momento em que se intercomunicam as várias ciências, as artes, as religiões e as espiritualidades. O conhecimento científico volta a ser chamado a dialogar com as tradições de saberes e de valores mais primitivas, mais ancestrais. E entre elas interconectam-se, de muitos modos surpreendentes, as novas múltiplas teias de sentidos e de significados que aos poucos aprendemos a criar através do trabalho de nossas mentes e de nossos corações. Essa é grande aventura à qual fomos convocados. E não menos do que isso.

Um primeiro passo para requalificar a vocação do aprender a conhecer e a compreender criando os saberes com que se aprende e entre quem aprende está presente no ousarmos mudar a visão do sentido do próprio saber. Uma visão parcial e estocástica (acumulativa) que tem sido disseminada inclusive pela própria educação escolar. Aprender a descobrir complexos saberes do e para além de um conhecimento humano posto ao alcance das ciências e para além dela, e que pouco tem a ver com uma mera progressiva acumulação de informações. Não estamos destinados a sermos como "bancos de dados" regidos pela utilidade superficial do produzir respostas prontas e rasteiras aos pequenos desafios instrumentais do viver cotidiano. Um viver hoje em dia tão atravessado pelo poder da uniformidade e da massificação.

Ao contrário, em sua plenitude o saber é o trabalho imaginativo e emotivo de nossas inteligências múltiplas e complexas. Ele serve para nos desequilibrar no todo de nós mesmos a cada momento para, mais adiante, nos reequilibrar holisticamente como pessoas que, por terem aprendido a saber mais (mesmo que seja um pouco mais a cada vez), crescem e integram em si mesmas esse crescimento contínuo, alçando-se dia a dia, em si mesmas, para além de si mesmas. E tornando-se um pouco mais o que eram antes do novo saber, aprendem a abrirem-se de maneira mais ousada e generosa a diálogos cada vez mais densos e mais fecundos. Diálogos que desvelam territórios desconhecidos à própria interioridade, no círculo generosamente social de suas vivências entre outras pessoas e, para além ainda, nas teias e tramas com que se sentem e se reconhecem participantes do mistério da Vida. A Vida, que de muitos modos insiste em nos sinalizar o seu desejo de abrir-se a uma comunicação mais e mais consciente e amorosa conosco.

Se elementos de quantidade de matéria e de energia do mundo devem ser transformados para servirem ao desenvolvimento da qualidade material de nossos corpos em nossas vidas, uma outra energia capaz de fazer interagirem as esferas mais reflexivas de nossas mentes e de nossos corações deverá continuamente devolver-nos à dimensão mais espiritual dessa mesma *qualidade de vida*. E é em seu nome que os degraus mais materiais de qualquer projeto de desenvolvimento econômico devem ser alcançados e ultrapassados. Pois nos cenários mais altos que há em nós de humano somos destinados a viver a vida como uma qualidade especial de consciência, de transparência e de transcendência. Nada menos que uma abertura à própria iluminação.

Em seu notável *O poder do mito,* Joseph Campbell apresenta uma idéia carregada de imagens que bem caberiam aqui.

> Dizem que o que todos buscamos é um significado para a vida. Eu não creio que seja realmente isto o que estamos buscando. Creio que o que buscamos é uma experiência de estar vivos, de modo tal que nossas experiências, no plano puramente físico, repercutam no interior de nosso ser e de nossa realidade mais profunda, para que assim realmente sintamos o êxtase de estar vivos.[7]

Isto é: viver na plenitude do corpo-espírito que somos a revelação sempre nova da aventura de estarmos vivos. Ou seja, presentes e ativos no mistério da Vida.

Quinto

O surgimento de novos paradigmas científicos, fundados num humilde sentido de busca de um outro saber consciente de sua infinitude, mas também de sua perene e complexa incompletude, como um conhecimento complexo e aberto a novas integrações entre os diferentes campos do conhecimento científico e a novas interações entre ele e as artes, as religiões e as espiritualidades, nos desafia a ousadas revisões de todas as nossas compreensões a respeito da Pessoa Humana, da Vida e do Universo.

E esse simples fato deverá provocar uma verdadeira revolução em todo o sentido presente do que chamamos de *qualidade de vida.* Há muito chão a caminhar ao longo dessas coisas a que temos dado o nome de "novos paradigmas". Podemos começar por perguntar se a percepção utilitária, mensurável e ranqueada de modelos muito difundidos e, aqui e ali, dominantes, de critérios de *qualidade de vida* não estariam ainda imersos nos esquemas e nos sistemas de pensamentos científicos, econômicos e sociais cuja superação é inevitável, diante de outros horizontes que estão aí, logo além das portas e das janelas que se abrem agora adiante de nós.

Ora, para pensarmos critérios de uma *vida de qualidade* devemos ir além de compreensões sobre o mundo, a vida, a pessoa e seu destino, e a sociedade e seu desenvolvimento, ainda atrelados a modelos mecanicistas e regidos por princípios de utilidade. Pela lógica da razão instrumental oposta à da razão comunicativa, de que fala Jurgen Habermas em vários de seus escritos, princípios do pensamento e da ação que dividem e opõem planos do real. Que separam de forma arbitrária o que existe de maneira holística e interativa em seus eixos e feixes dinâmicos de existência e de intercomunicação entre todos os domínios da realidade de tudo e do todo da Vida.

Uma inevitável reinterconecção entre todos os domínios do conhecimento, da imaginação, da construção de valores e da arquitetura dos sentimentos em todos os campos – científicos ou não – do saber e de suas traduções como significações da vida, e também como gestos humanos de transformação, apontam para palavras hoje em dia muito conhecidas, mas cujas operações têm sido ainda timidamente praticadas. Suspeitamos estar diante de algo tão imprevisível e tão inevitável que apenas aos poucos e ainda desconfiados do poder de nós mesmos ousamos passar dos devaneios e das teorias para as construções de novos saberes e de novas práticas sociais.

Tudo o que tem servido para pensar novos tempos do mundo das ciências em suas interações com outros enlaces conectivos do conhecimento e da sensibilidade deve servir também como fundamento de todos projetos de desenvolvimento da sociedade e de reorientação dos termos da *qualidade de vida.* Uma *visão holística* em suas múltiplas alternativas; a *complexidade* do saber conhecer; a *transdisciplinaridade*, primeiro entre os diversos ramos das ciências e, depois e de maneira ainda mais ousada, entre eles e a filosofia, e as artes, e as tradições religiosas e as diferentes espiritualidades de todos os povos, de todas as culturas. E ainda os novos e os *trans-construtivismos* no trabalho pedagógico e as diferentes variantes de um olhar *transpessoal* a respeito da pessoa e seu destino.

Em um outro plano, a reversão do *desenvolvimento econômico* em projetos e em processos de *desenvolvimento humano*. O que é a mesma coisa que uma requalificação de economias de mercado em economias solidárias, e de políticas servis ao mercado globalizado em políticas sociais a serviço da construção local e planetária da liberdade, da justiça e da eqüidade entre nós, seres humanos, assim como a serviço da *sustentabilidade* e da *biodiversidade* nos relacionamentos entre nós e a vida.

Essa ousadia de vôos do espírito não deve servir apenas à construção de teorias sobre a vida. Pois em nome de sua verdadeira qualidade, podemos pensar que tudo, absolutamente tudo o que vivemos a cada instante de nossas interações conosco, com nossos outros e com a Vida, pode ser experimentado em dimensões muito mais profundas. Pode ser a direção de nossos diálogos realizados com uma densidade tão mais humana. E assim, todas as fronteiras que ainda nos limitam podem ser forçadas a se estenderem, pois tal como o Universo, nós também fomos feitos para o ilimitado.

Que isso não seja uma vã fantasia e, menos ainda, uma receita de bolso e que os abismos da alma, os limites da vida e os desejos do corpo de cada um de nós sejam respeitados. Mas porque não imaginarmos que no crescendo de uma *vida de qualidade* todo o conhecimento instrumental e parcelar que nos capacita para o exercício instrumental de funções pode alargar-se ao saber de uma formação holística que nos transforme a todo o instante? Por que só "eles" são sábios e eu também não?

Que todo o breve exercício de alongamento pode aos poucos vir a ser um mergulho na Yoga. Por que só eles podem ser perfeitos e eu não? Que todo o trabalho pessoal de relaxamento me aproxime do poço sem fundo da meditação. Por que só eles, uns poucos monges podem sonhar o Nirvana e eu não? Que o aprendizado de gramática na escola seja um instrumento para que eu viva ao longo de toda a vida o sabor de saber escrever poesia e de viver profundamente a sua leitura. Poetas? Por que os outros e não eu também? Que toda a ginástica que trabalha os músculos me afaste do desejo de ser uma falsa e efêmera imagem de modelagem muscular e me transforme em um ser cujo corpo dança com as borboletas e as estrelas. Por que só alguns podem voar os seus gestos e os meus não saem da terra? Que toda a terapia pensada para me curar da depressão ou aliviar o estresse possa ser um exercício de diálogo com o profundo cuidado do Ser de quem sou. Por que não eu mesmo? Em nome do que cada um de nós não ousa se pensar como uma outra pessoa destinada a viver as alternativas mais elevadas dos desafios feitos à vocação de destino dos seres humanos.

Esse seria o primeiro patamar de uma abertura a uma *transqualidade de vida.*

Sexto

Viver uma *vida de qualidade* como partilha e como experiência solidária realizada por aqueles que dão movimento ao *círculo do dom* oposto aos valores e aos interesses utilitários do *circuito da posse*. Essa vivência da pessoa em estado de gratuidade e de diálogo desafia a busca da *qualidade de vida* na construção de uma nova ética, de uma nova erótica e de uma nova estética.

Bem antes de sermos seres em busca de bens, somos pessoas à procura do bem. Somos seres destinados à bondade, à beleza e à verdade. Esses são os termos reais da construção de cenário de *vidas de qualidade.*

Temos visto em nossos dias, mais vezes do que desejaríamos, esses três destinos da vocação humana sendo transformados em objetos de desejo fácil e de prazer infra-humano: a bondade, a beleza e a verdade. Talvez isso esteja acontecendo agora, porque nas novas catedrais dos cultos do mercado, como nos shoppings e no programa Big Brother, tudo pode ser transmutado em desejo e alçado a um quase supremo bem da vida, desde que valha como mercadoria, renda capital e conquiste pontos nas pesquisas de audiência. E não é a isso que nós fomos destinados. Nosso caminho é o de toda a bondade que a experiência do amor nos possa revelar. É o de toda a beleza que soubermos aprender a criar por conta própria – e toda a criação amorosa, por pequenina que seja, já é em si um gesto de beleza – ou a viver do que nos oferece a cultura de que somos parte e, antes dela, a natureza em nós e à nossa volta. É construir sentidos e dialogar verdades. É o caminho de descobrir segredos e decifrar os mistérios com que cada pessoa, cada cultura e cada povo atribuem significados a si mesmo e aos outros.

Não sei se vocês já repararam como muitas vezes a idéia de *qualidade de vida* aparece como algo destinado a um sujeito *consumidor.* Muitas linhas atrás eu me esforcei em lembrar como somos impregnados da idéia de que *qualidade de vida* é um feixe de direitos que nos devem ser dados ou outorgados por "quem de direito". Procurei contrapor a essa visão torta e passiva uma outra: a idéia de que *qualidade de vida,* assim como *cidadania,* assim como *liberdade,* não são um direito a ser conquistado e consumido em um tabuleiro social do xadrez de uma competição na qual alguns são perenemente "reis" e outros eternos "bispos", enquanto a maioria de nós se divide perenemente em "peões" ou mesmo "cavalos". Ela é, lembro agora, uma construção entre sujeitos igualitariamente irmanados como "pessoas". Ela se recria como um dever que torna nossos, em um duplo sentido da palavra, os direitos a uma *vida de qualidade.* Nossos, porque são a condição mínima de existência de uma vida humana. Nossos, porque nós nos fizemos os criadores solidários de seus termos e de sua realidade.

De uma maneira semelhante, ao nos ser apresentada a "felicidade" como um repertório inesgotável de bens e de serviços e prazeres ao acesso passivo e consumista de todos, a preços a partir de "um e noventa e nove", deveríamos contrapor a convicção de que somos bem mais do que os usuários sem poder de crítica e sem o *élan* criador que nos faz seres humanos.

Pergunto se já não é chegada a hora de nos levantarmos contra o poder ilusório e conquistador de um mercado de massas, dentro e fora do que nos oferta a TV globalizada e a má qualidade de seus produtos de cultura e de lazer. Produtos que pretendem igualar gostos e vocações e que pretendem nos nivelar ao rés do chão, de acordo com os mais baixos padrões de valor de ética, estética e erotismo. Basta ver a maneira como as revistas e os programas tendem a "vender" as imagens da mulher como um ser que ascende através do corpo que cultua e que "sobe" porque vende e se vende através de diferentes exercícios de sedução, nos quais a virtude do amor se transforma em jogos de conquista.

Não faz muitos dias, uma das revistas mais lidas em todo o país apresentou como matéria de capa (provavelmente comprada a altos custos) "uma loura de duzentos e cinqüenta milhões de dólares". Não nascemos para valer tanto dinheiro e nem estamos no mundo para prestar atenção a quem se vende por tão pouco.

Depois de colocar sob seu comando proporções tão crescentes da inteligência aplicada ao trabalho cotidiano das pessoas, a "sociedade administrada" avança o seu poder de controle sobre a liberdade delas, ou seja, a nossa. Sobre a deliciosa imprevisibilidade da vida de cada um de nós, e sobre a tão frágil qualidade de nossos "tempos livres". Isto é, os momentos da pessoa liberada do trabalho. Tempos em algum tempo sonhados como os momentos da vida dedicados à criação social de nós mesmos, entre nós mesmos e para nós mesmos. A gratuidade, um outro sumo bem da vida, de uma generosa *vida de qualidade.*

Juntas e interligadas, as diferentes instâncias de "indústrias" da sociedade administrada: a cultural – incluídas aí as empresas de educação[8] – a da moda, a do turismo, a das supostas ações voluntárias, assim como as do esporte e a do lazer a cada dia nos são ofertadas, isto é, impostas, segundo os padrões de interesses do mundo dos negócios. Padrões de baixa estima do corpo e do espírito, na crescente ampliação da oferta marginal de bens e de sutis e quase encantadores processos culturais de controle do *valor-vida* e da identidade de pessoas que com ele e em seu nome, de uma persistente maneira contínua, ainda teimamos em construir.[9]

A todo esse rebaixamento dos gostos do desejo humano opõe-se, como um preceito do direito à qualidade, o viver a vida como permanente exercício de procura e de criação de gestos e interações da bondade, da beleza e da verdade em cada momento da experiência do cotidiano. Não se trata de sermos todos filósofos, santos ou artistas. Falei sobre isto anteriormente. Trata-se da coragem ao mesmo tempo diária e histórica de sairmos de nós mesmos para um além de nós sempre viável, como um convite e um desafio sem tréguas posto à nossa frente.

Arrumar uma mesa bela. Fazer, ao meu modo e tal como eu sei, um bonsai. Conviver uma conversa qualquer como a experiência deliciosa e subversiva de um diálogo feliz. Não me deixar arrastar pelo criar dos outros para mim. Ser um ativo sujeito vivente e vivenciador de minha própria e nativa experiência, ingênua, mas imensa e inesgotável. Transgredir ao criar com os meus gestos o belo, o bom e o verdadeiro. Por que não? Por que não agora?

Podemos encenar, diante do poder da indústria cultural, o nosso desejo solidário de criarmos e convivermos nas e entre as nossas próprias culturas. Nas e entre as nossas vidas, portanto, e entre os sentidos que nos parecer significativo, feliz e belo atribuirmos a elas. Podemos ir além do poder da globalização medíocre e uniformizadora. Um poder "tentacular" e destruidor a que alguns cedem, porque se conformam em consumir o que poderiam criar ou porque o consideram, no final das contas, invencível. Podemos pensar nossa vida pessoal e coletiva como um ato a cada momento criador, em que há um padrão pessoal de verdadeira "qualidade". Sabemos que o desafio à experiência participante da criatividade não se destina a produzir coisas, mas a construir vidas e modos de vida. A estabelecer como primeiro passo da construção de *vidas de qualidade* a ousadia de sermos atores dos termos e sentidos absolutos e relativos com os quais damos substância real aos devaneios e valores de orientação de nossas vidas. Esse seria um ato criador no sentido mais radical da palavra, pois significa apenas isto: libertar as nossas próprias vidas.

Liberá-las da tutela da qualidade globalizada de vidas. Separá-las, tanto quanto possível e de maneira irreversivelmente progressiva, do eixo de domínio da lógica do mercado e do seu campo de interesses utilitários e, para além de seu domínio absoluto ou relativo, aprendermos a criar para nós e entre nós os princípios de uma outra *ética*, de uma outra *erótica* e de uma outra *estética* na qual o valor-pessoa seja, de verdade, o critério de base para todos os outros.

Uma outra *ética:* recriar a inteireza do valor-pessoa para além de qualquer sentido de poder e de função utilitária e hierárquica. Ultrapassar todo o atributo de bem e de virtude que esteja fundado sobre valores de posse e de poder. Tudo o que substitua a arte do conviver na mesma procura solidária do amor e da paz por qualquer modelo de estratégia sedutora de conquista do outro. Dessa conquista perversa que deságua sempre na obsessão individualista e utilitária de "sucesso na vida". Toda a ética do mundo do mercado é uma conspiração contra o valor-pessoa. Diante dela a construção de *vidas de qualidade* nos desafia a recolocar o sentido da virtude no que cada pessoa é em si mesma e naquilo que ela vem a ser através e dentro das redes de vivências generosas e gratuitas do *bem do dom* que cada um de nós pode e deve viver para criar-se como um ser de relações.

Uma outra *erótica.* Pois nunca se falou tanto em sexo. Nunca se anunciaram tantas mercadorias – inclusive pessoas humanas[10] – destinadas ao prazer de homens e de mulheres. Nunca se amou tão pouco e com tanta infelicidade de entremeio. Como acontece com os padrões de excelência da educação, da saúde e do desporto, uma tessitura perversa de números e de critérios fúteis invade o campo da erótica e determina os mais falsos estilos de vivência de um prazer transformado em mais uma demonstração de eficiência contra o outro – em que até mesmo o "parceiro aparece como alguém com quem me ponho a competir em demonstrações de eficácia contabilizável – do que uma experiência de comunhão imensa e gratuitamente prazerosa com o corpo e o espírito de um outro a quem eu entrego, para sempre ou por uma noite, o meu espírito em meu corpo.

Mudar inteiramente a direção com que o amor, o desejo e o prazer do encontro com o outro são ofertados nos entrepostos do mercado. Passar do sentido de uma apropriação do outro como o corpo sem face que serve ao desejo da comunhão com a pessoa com quem eu vivo a maravilha do prazer como um encontro que, mesmo quando efêmero, é ainda uma dádiva da ternura que transfigura o desejo do sexo na vontade da partilha do afeto.

Estabelecer uma erótica centrada no prazer do outro em mim, e eu nele, através de um diálogo de mentes e de corpos, de afetos, de palavras e de odores tão gratuito quanto for possível e voltado ao dom do *cuidado do ser* da pessoa, em nome do mais genuíno de todos os prazeres da vida: o amor.

Uma outra *estética.* Somos todos tão belos, e podemos ser tão criadores das imagens de beleza de um tão grande poder de mistério, que temos medo de quem somos e do que podemos criar. E, diante da tela que nos devolve o nível mais baixo de quem somos, refletidos no desempenho de outros, nós nos refugiamos nos padrões estreitos que a indústria cultural da sociedade administrada nos impõe como sendo o que qualifica o que existe para ser cultuado. Basta um olhar apressado nas capas das revistas dependuradas nas bancas de jornaleiros para se ter uma viva imagem de como toda a maravilha das imensas diferenças da beleza do corpo humano reduz-se ali a alguns modelos iguais e belamente banais.

A lógica do mundo dos negócios, regida por padrões de sucesso, de competitividade (uma das mais ilustres palavras do vocabulário da barbárie humana) e de eficácia-competência ao estilo MBA, tomada como modelo dos critérios de qualidade de todas as coisas e causas sociais, invadiu os cenários de vivência da erótica de mulheres e de homens de tal maneira que o prazer da troca na vivência do desejo desvirtuou-se, em uma padronização brutal e rotineira, ao mesmo tempo do sentido do desejo e do próprio prazer. Em muitos casos já não se faz mais o que deveria ser feito para que algo fosse vivido na sua plenitude, mas para se ver até que ponto se consegue imitar um padrão de sucesso "no ramo". Um padrão de referência pública, universal em muitos casos, veiculado pela *mídia* e apresentado como a própria realização do que se deseja. Já não desejamos o que queremos ser e viver, mas o que pretendemos imitar. Serão tão felizes assim as pessoas cujas vidas atribuladas e tão distantes de qualquer sentido de harmonia nos são apresentadas a cada semana na revista *Caras*?

Pensar *qualidade de vida* sem a ousadia dessas rupturas é o mesmo que se conformar com os pequenos arranjos que apenas melhoram de maneira efêmera e ilusória a realidade de vidas condenadas a existirem em um mundo tão sumariamente desqualificado para a experiência da vida de seres humanos.

Sétimo

> Deslocar a construção social da *qualidade de vida* da competição, que torna desiguais as pessoas diferentes, para a cooperação entre pessoas com diferentes opções de vida e de diversas vocações de talentos e de desempenhos de projetos de destino.

O espírito da competição e a prática vigente da concorrência em todos os campos da experiência humana estabelecem a desigualdade fundada na superação do outro como o critério de valor de uma *qualidade de vida.* Uma vida "de sucesso" para ser "qualificada", regida ela própria por escalas de medida de desigualdades: "o melhor a quem é mais do que os outros".

E, aqui, o lazer, os esportes e os jogos constituem a melhor realidade social e a melhor metáfora da vida para pensarmos se não podemos ser e interagir de uma outra maneira, em busca de outros princípios para a *qualidade de vida*. Em uma das deliciosas e preocupantes historietas de Mafalda e seus companheiros, dois meninos estão sentados no chão diante de um tabuleiro de xadrez. Eles jogam, atentos. Chega então o menorzinho e pergunta: "Nesse jogo os dois podem ganhar?" Um dos jogadores responde: "Não! Só um é quem ganha!" E o menininho pergunta de novo: "Então por que é que o outro joga?" Uma boa pergunta. Eis algo bem sabido entre todos nós, mas que vale a pena trazer de novo para este outro tabuleiro, o de nossas idéias, em que podemos jogar as nossas diferenças não para vencermos os outros, mas para sairmos todos como os que vencem juntos ao criarem entre todos algo melhor do que faríamos se estivéssemos "jogando com idéias", sozinhos. Pois um bom princípio para orientar a vida, os diálogos e os jogos, foi escrito por Marilyn Ferguson: "Nenhuma de nós é melhor e nem mais inteligente do que todas nós."

Os jogos, principalmente os eletrônicos e os esportes radicais, tendem a se tornar simulacros de arenas, ou mesmo arenas reais onde a competição calorosa, vivida como uma troca de gestos entre iguais-cooperantes, cede depressa o seu lugar a uma robotização do desempenho entre rivais-concorrentes. Aqui e ali perdemos, pouco a pouco, o pequeno milagre (e todo o bom jogo é um milagre) do encontro entre pessoas no ritual da beleza dos corpos irmanados num jogo-rito. Um jogo bom para os sentidos e os sentimentos, no qual o espetáculo está bem mais no que se vive e se oferece solidariamente para ser visto e vivido através do que se joga do que num produto material do que se fez ao se jogar. Um frio resultado milimetricamente julgado por instrumentos de precisão ou por pessoas cada vez mais parecidas com eles. Ali, onde uma fria lógica de resultados torna o produto do feito um valor efêmero, mas muito maior do que o acontecimento cerimonial do fato: o prazer de dar-se a ver na deliciosa destreza dos corpos, ao lado do prazer de ver. Da terna delícia do assistir, como quem contempla, um jogo que nem por terminar empatado deixará de ser maravilhoso.

Em seu notável *O pensamento selvagem,* Claude Lévi-Strauss lembra um costume estranho (para nós, ocidentais) e cativante (para eles, os "selvagens" praticantes). Algumas tribos das ilhas Fiji jogavam o futebol aprendido com os missionários ingleses. Quase sempre os jogos eram entre um time de visitantes e o dos visitados, como é também costume entre nós. Mas com uma preciosa diferença. É que os "selvagens" ilhéus aprenderam por conta própria a transformar em um rito de acolhida um jogo dirigido a resultados, de preferência estrondosos, como um 7 x 3. Como um jogo que, sobre supostos sujeitos e times iguais no início da partida, revelasse ao final um lado vencedor sobre um outro, perdedor.

Ora, para os jogadores "selvagens" seria uma ofensa a vitória dos anfitriões sobre os visitantes. Mas seria uma afronta igual ou pior a vitória de quem chegou de visita sobre quem acolheu o visitante. Por isso as partidas não têm um tempo definido para acabar. Até porque, mais sábios e felizes do que nós, ocidentais, eles não usam relógios e, menos ainda, cronômetros. Medem o tempo do trabalho com o passar do sol e o tempo do amor com o passar da lua. E estabelecem resultados do jogo com princípios rituais de amorosa cortesia. O jogo tem um momento privilegiado para concluir: o empate. Quando uma equipe marca um gol a partida prossegue até que a outra marque um outro e empate. Então se dialoga para saber se já está bom. Se o jogo-rito prosseguir é preciso um novo empate para que possa terminar. Se um dos times desafortunadamente marca três gols sobre o outro, é preciso que reduza a qualidade de seu desempenho, para que a equipe rival alcance o empate antes da caída da noite. Pois ali não havia também luz elétrica. Ao final todos se abraçam e, empatados, saem todos vencedores e não há quem perca, nem no jogo e nem na honra.

Tenho um outro exemplo a contar. E ele é bem pessoal. Lá pelos últimos anos da década de 1950, comecei a aprender a escalar montanhas no Rio de Janeiro. Íamos, então, nas manhãs de sol de sábado e de domingo, pequenos grupos de amigos atados uns aos outros na "cordada". Subíamos difíceis paredões de pedra, sabendo que o tempo todo tínhamos a nossa vida nas mãos de um outro e, adiante, a dele em nossas mãos. Ao chegarmos "lá em cima" contemplávamos a vista, sempre muito bela, silenciávamos para ouvir os sons da Vida, nos abraçávamos e festejávamos juntos o que havíamos feito uns através dos outros, e... descíamos. Alguns eram mais ágeis e mais corajosos. Nunca estive entre eles. Eram melhores escaladores e nós, os outros, sabíamos disso. Mas éramos, antes de qualquer coisa, uma equipe devotada a conviver com a natureza – em silêncio, se possível – e a viver uma aventura que valia por ela mesma, sem a necessidade de concorrências entre nós e sem competições entre nós e os outros; as outras equipes. Tão plural e tão solidário era o nosso esporte, vivido como uma festa, como um rito, que tínhamos um tempo errado na gramática e correto no sentido, para dizer o que fazíamos, quando íamos escalar. Dizíamos: "eu fomos".

Mas agora cada vez mais o silêncio das grandes montanhas é quebrado por sons de quem escala para competir. Eu assisti em um documentário na televisão o triste espetáculo de bons escaladores pendurados em cordas – como nós, no passado – e de olho não nas nuvens, nas aves do céu, ou nas pedras, mas no cronômetro. A vivência da natureza através do risco estava transformada em uma competição em que ganha quem chega mais depressa e com mais "técnica" a um ponto qualquer preestabelecido.

O modo como o esporte tem sido vivido em sociedades regidas por regras de mercado, que tornam as próprias pessoas produtos postos à venda de acordo com a avaliação mercantil do valor de seus desempenhos, é a melhor ilustração de como a lógica que transforma a vida em negócio vai sendo imposta a todos os domínios de todos os relacionamentos entre pessoas, entre pessoas e natureza, e entre pessoas e símbolos, sentimentos, seus significados e suas vocações de socialibidades. Isto é, a vocação de criar mundos de vida por meio de gestos de qualidade para com a vida dos outros e a do mundo. Um negócio-jogo não porque as pessoas competem e há resultados, pois em sua medida amorosa isso é bom, mas pelo sentido dado à competição. A um enfretamento no qual a disputa entre seres torna-se a concorrência entre produtos através de corpos desvestidos da pessoa que ali deveria habitar. Tornam-se a batalha entre técnicas sofisticadas e treinamentos caros, e entre os efeitos dos instrumentos em que os jogadores são medidos por instrumentos precisos em ignorar os gestos do espírito e em milimetrar os atos de corpos tornados máquinas. E cada vez mais aos que ganham e mesmo aos que perdem já não se pergunta: "Como você conseguiu?", "O que você sentiu quando aconteceu?", "O que você tem a dizer aos outros?". Pois as perguntas sugerem: "Qual foi o seu plano de treinamento?", "Quanto você acha que vale depois disto?".

E moças e rapazes, entre ginastas e tenistas da América Latina, entre jogadores de futebol do Brasil ou da África valem, como bons produtos, pela medida efêmera dos "resultados" obtidos. E pessoas que são atletas ou são como nós, valem por uma sempre mutável pontuação, na qual seus nomes fazem sentido quando diante do número que as mede e, então, diz aos outros quem elas são. Ou seja, anunciam o quanto elas valem pelo número de pontos que as coloca em um lugar da escala que, ao elevá-las acima dos outros, os concorrentes, as desveste de serem uma condição de qualidade entre outras pessoas. Não deve andar longe o dia em que não serão mais anunciadas pelo nome que têm, mas pelos pontos que valem em qualquer *ranking*.

Em tempos em que a economia desvairada do mundo do capital impõe a tudo e a todos os seus termos de sua globalização, também o mundo do lazer, do turismo, do esporte são reduzidos aos padrões de compra e venda dos interesses dos que podem lidar com pessoas e com desejos entre pessoas como um produto controlável a mais. Resulta surpreendente e desalentador ver como empresas e empresários "compram" atletas, investem em equipes e dominam aos poucos todos os cenários que eram, antes, de atores e de comunidades humanas. Compram e revendem com lucros pessoas treinadas desde criança para serem, por um breve tempo ou por uma única gloriosa vez, a possibilidade de um sucesso único diante de espectadores reduzidos a uma massa gritante a quem importa cada vez mais os milésimos de um cronômetro ou a pontuação percentual de resultados do que a beleza do gesto dos corpos, como num ritual de comunhão de espíritos através de saltos e de mergulhos na água ou no espaço.

E tudo tende a se tornar uma batalha de ganhos e perdas. De poucos vencedores e inúmeros derrotados, em lugar do que poderia ter sido um festival de congraçamento de corpos e de euforia de cores. E os que não vencem são quase todos: os perdedores. E nós que os vemos, somos quem? Nós que antes bebíamos com os olhos a beleza do que estava acontecendo à nossa frente e que agora dividimos o olhar sobre as pessoas com a atenção nos indicadores luminosos de resultados e medidas de desempenhos. A que preço se compra o que nasceu para ser um dom gratuito de corpos e de congraçamento de espíritos através da beleza generosa de braços, pernas e mentes treinadas para o gesto que se dá a outros, entre outros e, não o ato de quem transforma o próprio esporte em um jogo de negócios?

No entanto, do outro lado de tudo isso existe outra possibilidade de vida e de medida humana de sua "qualidade". E eu quero tomar aqui justamente o esporte e o lazer como exemplo. Aos defensores da ordem política neoliberal, tudo o que pode ser identificado com nomes como "simplicidade voluntária", "economia solidária" ou troca gratuita e generosa não passa de uma inocente e ardilosa fantasia. Segundo eles, sobretudo agora e de agora em diante, existe para toda a humanidade um caminho único: o da economia globalizada de mercado. E toda a aspiração pessoal e coletiva a uma melhora de "qualidade de vida" deve ser esperada dentro dessa ordem e na submissão aos seus termos.

No entanto, não são as pessoas tidas como socialistas e revolucionárias aquelas que há muitos anos chamam a atenção dos povos e dos governos para a urgência de uma mudança radical dos termos dos nossos modos de vida. Isto é, de nossas maneiras de ser e de viver como algo cada vez mais regido pela competição, pela degradação de pessoas e da natureza e pela submissão da liberdade de seres humanos às formas grosseiras ou sutis de servidão ao mundo do mercado. São diretores e funcionários de organismos internacionais como a ONU, a Unesco e a FAO (organização das Nações Unidas para a Agricultura e a Alimentação) que nos lembram que havia, há e haverá de um lado e do outro de nosso planeta uma crescente multidão de deserdados obrigados a conviver com padrões infra-humanos de vida, para que uma minoria possa concentrar ilimitadamente as riquezas de Gaia e da Vida. Até quando?

A cada encontro a portas fechadas do G8, milhares de outras pessoas, as "do lado de fora", reúnem-se para gritar "basta" e para repetirem, como em Porto Alegre, a idéia de que "um outro mundo é possível". Os de dentro fecham as portas e os ouvidos e sussurram uns aos outros: "É a idade do ouro!". E reforçam a guarda do fosso que separa um "mundo" do outro, dentro de nosso próprio Mundo. Os relatos do que recentemente aconteceu nas ruas da civilizada Gênova atestam, como a fria realidade e também como uma boa metáfora, o que acontece por toda a parte entre nós e à nossa volta.[11]

Algumas palavras apareceram várias vezes salpicadas nas páginas anteriores. Os verbos "viver", "conviver", "compartir", "partilhar", "construir", "criar", "saber", "aprender". O qualificador "solidário", ao lado de outros, como "co-responsável", "criativo". A palavra "complexo" e tudo o que ela sugere, desde a difícil idéia de "holos", "holismo", à idéia múltipla de "transdisciplinaridade". A palavra "diálogo", que eu segui como o chão e o rumo do caminho de todas as outras. Uma palavra que contém uma idéia germinal a ser semeada ao lado dos eixos e dos feixes das teias de "com-vivências" que ele, o diálogo, inaugura a cada instante. Palavras-semente como: "interação", "conectividade", "comum", "comunicação", por oposição a palavras como "interesse", "negócio" e "utilitário".

Essas palavras não estão aqui ao acaso. Não as escrevo por soarem sonoras. Elas pretendem fecundar uma grande esperança. Mas elas nascem também de um olhar que deseja não se iludir com palavras e nem com promessas, e sabe que por toda parte, e talvez mais do que nunca, estamos diante de um mundo dividido entre campos de opostos. De um lado a comunicação e do outro o interesse. De um lado o primado do desenvolvimento humano e, do outro, o de um desenvolvimento econômico em que a própria pessoa é o número de uma contagem de cifras que de década em década reproduzem a exclusão e a desigualdade.[12]

Ao nos reunirmos para pensarmos juntos, a *qualidade de vida* e o lugar do esporte como um de seus fatores, creio que devemos fazer um enorme esforço de corações generosos, de mentes abertas e de toda a nossa imaginação para pensarmos a Vida e a *qualidade de vida* a partir de critérios bem diferentes dos que por aí andam, como se fossem os mais adequados "aos dias de hoje", ou mesmo os únicos.

"O futuro já não é o que era", estava pichado em um muro em Buenos Aires, Argentina. Mas assim, com palavras como essas, podemos abdicar do mais elementar de todos os fogos interiores que deveriam nos habitar sempre acesos: o de sonharmos para agora e para amanhã também outros mundos. Outros princípios para as interações entre as pessoas e os povos. Em nome de uma *economia solidária* estendida à possibilidade do primado da paz e da amorosidade como princípios dos relacionamentos em todos os domínios da vida humana, podemos ousar sonhar utopias. Jean Yves-Leloup diz da utopia que ela não é o irrealizável, como pensam alguns. Ela é apenas o ainda irrealizado.

Podemos partir da idéia de que não há como pensar e propor critérios de *qualidade de vida* em um tipo de mundo de mercado globalizado e subalterno, como este em que vivemos agora. Podemos recordar o que mencionei em páginas anteriores. Não podemos estabelecer padrões humanos de *qualidade de vida* em situações em que, para que algumas poucas pessoas possuam *vidas de qualidade,* a imensa maioria dos deixados à margem "do sistema" mergulhe em condições de vida a cada dia mais desqualificadas.

Não tenho o direito de exigir para mim e para o meu próximo um mínimo valor a mais de "qualidade", se ela não puder ser estendida por igual a todas as pessoas e a todos os povos. Como a água que bebem os viajantes do deserto, se não há para todos, não deve haver para nenhum. E a que existe, disponível, que seja partilhada entre todos os que viajam, quem quer que sejam. Podemos acreditar que aqui mesmo, entre Cuba e Brasil, entre a Argentina e o México, no Sul pobre e "de emergência", mais do que "emergente" do Mundo, podemos nos colocar diante da tarefa de construirmos juntos, cada um em seu campo de vida e de trabalho, outra experiência de Mundo. Podemos dizer com coragem um sonoro "não!" às migalhas de promessas que nos fazem os que controlam as armas, as bolsas e as almas. Podemos solidariamente nos colocar não propriamente à margem, mas do outro lado do rio social de tudo isso. Todos nós podemos, nesse Encontro em que algo tão essencial à vida humana como o esporte e o lazer são repensados, propor termos completamente inovadores para a *qualidade de vida.*

Podemos deslocar tudo da competição para a cooperação, em todos os planos da vida. Podemos deslocar o sentido da vida do ter e ordenar para o ser e o partilhar coisas, serviços, vidas e destinos. Podemos retirar da economia de mercado a nossa procura de soluções, em direção a uma economia francamente solidária. Não precisamos de tanto; não precisamos consumir tanto para viver; não precisamos aspirar a tantas coisas para sermos felizes. Precisamos de olhos, de mãos e de ternura; precisamos menos de patrões e de mandatários e precisamos mais de companheiros de destino.

Não precisamos do grande mito de nossos tempos: um "desenvolvimento econômico" materialista, desbragado, destruidor e organicamente injusto e desigual. Precisamos reverter por completo a sua lógica. Precisamos crescer de dentro para fora, observando os ritmos da própria natureza, aprendendo com a sua sabedoria a sermos parcimoniosos e francamente "sustentáveis". E agora, por que não reler as palavras de Edgar Morin:

> Também o desenvolvimento, noção aparentemente universal, constitui um mito típico do sociocentrismo ocidental, um motor de ocidentalização forçada, um instrumento de colonização dos "subdesenvolvidos" (o Sul pelo Norte). O desenvolvimento, do modo como é concebido, ignora aquilo que não é calculável nem mensurável: a vida, o sofrimento, a alegria, o amor, e o único critério pelo qual mede a satisfação é o crescimento (da produção, da produtividade, da receita monetária). Definido unicamente em termos quantitativos, ele ignora as qualidades da existência, as qualidades de solidariedade, as qualidades do meio, a qualidade de vida.

Eis tudo. Eis a crítica do que se faz em nosso nome. Eis a abertura para o convite a um outro modo de "fazer crescer". Podemos pensar em termos de desenvolvimento humano as transformações de nosso mundo desqualificado, em um mundo da *qualidade da Vida*. Podemos subverter a ordem estabelecida e sonhar com as mentes e com as mãos, através do nosso trabalho e dos investimentos necessários e criarmos o lugar não do desfrute quantitativo dos bens desiguais, mas da construção de vivências entre pessoas livres e irmanadas. Isso pode ser mesmo uma fantasia a mais. No entanto, como em todas as fantasias em que o ser humano sonha ser o que pode vir a ser, e não o que impõem a ele que seja aqueles que o tornam um mero objeto de bons negócios, esse é o caminho que pode nos levar ao lugar onde natureza e cultura, onde sociedade e ambiente se unem para criar entre nós tudo o que é vivo, vidas de verdadeira qualidade.

Podemos começar a corroer todo o poder que faz do FMI, do Banco Mundial e do G8 as novas ilhas de controle comercial sobre a Vida e o Mundo, construindo vidas que possam ser plenamente partilhadas cada vez mais fora do alcance do que alimenta esses lugares e os seus poderes: o dinheiro, o consumo de bens desnecessários, a usura, o lucro, o ganho injusto, a ambição do sucesso e a vida construída sobre qualidades que, por não saberem ser vividas, precisam ser compradas a cada instante.[13] Podemos aprender a nos constituir, livres de toda a coerção e de toda a propaganda criadora de falsos desejos, falsos direitos e falsos deveres, como critérios do que de fato necessitamos para viver.

Por oposição à "globalização tecno-econômica" do modelo político dominante no planeta Terra, Edgar Morin defende uma *Terra-Pátria.* Uma *Sociedade-Mundo* de poder civil e solidário. A construção de um mundo perfeitamente possível e aberto diante de nós. Seus primeiros passos são tanto de ordem política, e incidem sobre a estrutura do poder globalizado que nos domina, quanto de ordem pessoal e interativamente interior. Reflexiva. Uma nova ordem de trocas entre as pessoas e entre elas e a Vida.

E para pensá-la aqui, ao lado da reflexão consciente e complexa de Edgar Morin, quero trazer um outro princípio, lido e vivido de tantos modos, em tantos textos e encontros. Mas uma idéia sempre reaprendida de novo por mim, junto a outra grande pessoa de nosso tempo: Humberto Maturana. Ora, o que ele considera o princípio fundador de todas as relações entre as pessoas é tão conhecido que chega a ser estranho. E é tão a matéria de vida dos amantes, das mães e dos poetas, que chega a parecer loucura que esteja sendo relembrado com tanta energia por um cientista, por um biólogo. Chama-se: amor.

Oitavo

O amor e o primado do amor são o fundamento de todas as relações entre nós, seres humanos. E devem ser o primeiro critério ordenador de todos os outros, em nome de uma verdadeira e partilhada *qualidade de vida.*

Lembrando aos seus leitores que o tempo todo pensa e escreve como um cientista da natureza, Humberto Maturana diz o seguinte nas páginas finais de *A árvore do conhecimento,* livro que escreveu com outro biólogo, o chileno Francisco Varela.

> Esse acoplamento produz a reflexividade que permite o ato de mirar a partir de uma perspectiva mais abrangente, o ato de sair do que até este momento era invisível ou intransponível para ver que, *como seres humanos, só temos o mundo que criamos com os outros.* A este ato de ampliar nosso domínio cognitivo reflexivo, que sempre implica uma experiência nova, só podemos chegar pelo raciocínio motivado pelo encontro com o outro, pela possibilidade de olhar o outro como um igual, num ato que habitualmente chamamos de amor – ou, se não quisermos usar uma palavra tão forte, a aceitação do outro ao nosso lado na convivência. Esse é o fundamento biológico do fenômeno social: sem amor, sem a aceitação do outro ao nosso lado, não há socialização, e sem socialização não há humanidade.[14]

E nem pode haver uma verdadeira, amorosa e universal *qualidade de vida* entre pessoas livres e construtoras, a cada instante, em qualquer domínio da vida cotidiana, de mundos de interações com o outro e com a Vida de fato geradoras de *vidas de qualidade.*

E em nome do amor, nossa razão de ser, nossa razão de vida, é o que podemos fazer, agora e todo o tempo. Nós, pessoas comuns, educadores, atletas, artistas, mulheres e homens de pensamento e de ação. É possível que diante do poder imenso do mundo do mercado essa pareça uma tarefa impossível. Mas nada de verdadeiramente humano e libertário foi construído neste mundo sem que tenha começado no coração e através dos gestos de pessoas como nós. E eu queria terminar essas reflexões com palavras não de uma revolucionária, mas de uma pacata e ousada antropóloga norte-americana, Margareth Mead. Um dia encontrei como uma das epígrafes de um livro de um querido amigo, Fábio Brotto, esta passagem:[15]

> Nunca duvide da força de um pequeno grupo de pessoas para transformar a realidade. Na verdade elas são a única esperança de que isso possa acontecer.

Essas pessoas, quem são? Essas pessoas somos nós.

Notas

1 Mas uma outra frase de muro, mais recente, estava escrita assim em uma casa de esquina, quase na entrada da Universidade Estadual de Campinas: Enquanto não houver justiça para os pobres não haverá paz para os ricos! Assino embaixo.

2 Tomo essa idéia de Mafesoli, tal como pode ser encontrada em A transformação do político: a tribalização do mundo, Porto Alegre, Sulina, 1997. Em seu sentido profundo e mais abrangente, a ambiência determina a qualidade e o estilo dos modos culturais de vida, das atitudes individuais e interindividuais, as percepções do real e as orientações da vida, nos diversos campos sociais, econômicos, políticos que constituem a própria vida social.

3 Gosto muito de uma série de passagens escritas por Herbert Marcuse e transcritas por Jurgen Habermas no artigo "Técnica e ciência enquanto ideologia", um dos textos do volume dedicado à Escola de Frankfurt, da coleção Os Pensadores, publicado em 1975 pela Editora Abril, de São Paulo. As pequenas transcrições a seguir estão entre as páginas 306 e 307. Ei-las: "De maneira conseqüente, Marcuse tem em vista não somente uma nova construção de teorias, mas também uma metodologia de ciência que difere em seus princípios. O quadro transcendental, no qual a natureza se tornaria objeto de uma nova experiência, não seria mais a esfera das funções do agir instrumental, mas o ponto de vista de uma possível manipulação técnica cederia seu lugar a um tratamento que, com zelo e carinho, liberasse as potências da natureza. Em vez de tratar a natureza como objeto passivo de uma possível manipulação técnica, podemos dirigir-nos a ela como a um parceiro numa possível interação. Em vez de uma natureza explorada, podemos ir em busca de uma natureza fraterna. Ao nível de uma intersubjetividade ainda incompleta, podemos atribuir a subjetividade aos animais, às plantas e, até mesmo, às pedras, e *comunicar-nos* com a natureza, em vez de nos limitarmos a *trabalhá-la, quebrando a comunicação*... Só se os homens pudessem se comunicar sem coação e se cada homem pudesse reconhecer-se no outro, só então a espécie humana poderia eventualmente reconhecer a natureza como um outro sujeito – não a natureza como o seu outro, como pretendia o idealismo, mas em si mesma, como sendo o outro desse sujeito." (Os grifos são de Marcuse, e em outras passagens do livro voltarei a essas idéias.)

4 As conquistas não são vida, são morte no próprio momento em que se produzem. A frase é parte de um período do capítulo "O desenraizamento", do livro de Simone Weil, O enraizamento, Bauru, Edusc. Simone fala das grandes conquistas sobre povos e territórios, mas creio que a mesma idéia pode valer para as pequenas conquistas do cotidiano, quando,de igual maneira, elas são o que se alcança para si mesmo do que poderia ser partilhado com/por outras pessoas. Quero dizer que parto da idéia de que toda a conquista social que não é uma partilha solidária, é uma espécie de roubo e antecipa uma espécie de morte.

5 Cito Marilena Chauí, que cita Viviane Forrester: "Houve tempos de angústias mais amargas, de grande ferocidade e crueldade. Mas eram ostensivas e provocavam indignação. A apatia e a indiferença hoje reinantes, escreve Forrester, possuem uma causa mais surda e quase inaudível. De fato, 'qualquer que tenha sido a história da barbárie ao longo dos séculos, até agora o conjunto dos seres humanos sempre se beneficiou de uma garantia: ele era essencial ao funcionamento do planeta, à produção e à exploração dos instrumentos do lucro [...]. Pela primeira vez, a massa humana não é mais necessária materialmente, e menos ainda economicamente, para o pequeno número que detém os poderes'. Depois de haver produzido mercadorias descartáveis, o trabalhador tornou-se a última mercadoria descartável." Introdução ao livro de Paul Lafargue, O direito à preguiça, 2. ed., São Paulo, Hucitec/Ed. Unesp, 2000, p. 55. A citação de Viviane Forrester está em O horror econômico, São Paulo, Ed. Unesp, 1997.

6 Este é o momento de lembrar uma ousada e reveladora afirmação de José de Souza Martins: Há um enorme desencontro entre vida cotidiana e vida privada, é necessário separar as duas coisas. Na verdade a vida cotidiana pensada a partir da cotidianidade – numa era, como esta, dominada pela vida cotidiana – nega a vida privada. É exatamente o oposto da vida privada no sentido de que a vida privada implica o reconhecimento do indivíduo, da individualidade, dos direitos pessoais, do cidadão. A vida cotidiana é a negação de absolutamente tudo isso. Ela homogeneíza, manipula, coisifica e assim por diante. A citação está em A sociabilidade do homem simples, São Paulo, Hucitec, 2000, p. 159.

7 Encontrei essa passagem na epígrafe do capítulo cinco do livro de Berta Vishnivetz Eutonia: educação do corpo para o ser, São Paulo, Summus, 1995, p. 163.

8 Sob esse aspecto é muito oportuna a leitura de toda a matéria de capa da revista Exame, "O meganegócio da educação", São Paulo, Abril, 3 abr. 2002, pp. 34-45. Ao longo dela pode-se ver como a educação é apresentada como a aspiração da moda e, portanto, como um produto de compra e venda de serviços como outro qualquer. Na verdade, um produto de negócios melhor do que todos os outros, pois com números e com gráficos demonstra-se que nos últimos cinco anos os ganhos e investimentos empresariais nela superaram os de todas as outras áreas, inclusive a de comunicação.

9 Volto a Marcuse. Essas breves idéias foram tomadas de fragmentos de seu livro A ideologia da sociedade industrial, Rio de Janeiro, Jorge Zahar, 1967.

10 "Aliás, a crescente internacionalização do capital contribui por uma outra via para a transferência, para o espaço-tempo da produção, da dominação patriarcal organizada no espaço-tempo doméstico. Trata-se da prostituição e do chamado turismo sexual, de que o principal cliente é a classe executiva internacional. Nas Filipinas as "hospedeiras" (hospitality girls) registradas no Ministério do Trabalho e do Emprego ascendem a cem mil, enquanto os cálculos para Bancoc, Tailândia, eram, em 1977, de quinhentas mil e para a Tailândia de setecentas mil. Esses números não cessaram de crescer na última década." Boaventura de Souza Santos, Pelas mãos de Alice, São Paulo, Cortez, 1995, p. 304.

Que isso não nos espante por ser "lá fora". Uma notícia publicada recentemente em jornais do Brasil sugere que cerca de quinhentas mil moças, entre adolescentes e jovens, servem aos negócios do turismo da sexualidade comprado sobretudo na Bahia. Bem sabemos que os dados e, mais do que eles, os números ocultos, nunca revelados, a esse respeito são aterradores para o caso do Brasil. Sobretudo no Nordeste uma porcentagem grande e crescente de meninas e moças, entre adolescentes e jovens, tornam-se prostitutas de um turismo que se disfarça de cultural e de busca do exótico, para desaguar na busca comprada de prazeres ofertados a visitantes estrangeiros. Os mesmos a quem a polícia deve proteger, a ferro e a fogo, dos irmãos e de outros parentes de tais moças, com facilidade identificados como "marginais", "meninos de rua" ou, simplesmente, "bandidos". Uma vez mais a mesma ordem legítima controla uma espécie de crime para que outros, piores, possam ser praticados pelas "pessoas de bem".

11 Não obstante, desde o final de 1999 podemos constatar a formação de embriões de sociedade civil e de cidadania. A manifestação anti-Seattle, contra a globalização tecno-econômica, transformou-se numa manifestação a favor de uma outra globalização cuja divisa foi: "O mundo não é uma mercadoria". Foi a conscientização da necessidade de

não apenas uma resposta mundial a um problema mundial, mas também de uma força de pressão e de proposta em escala planetária. São idéias de Edgar Morin na mesma crônica e na mesma página a 17 que nos tem acompanhado aqui.

12 Trago de Boaventura de Souza Santos alguns dados bem conhecidos de todos nós. Vejamos. Calcula-se que um bilhão de pessoas – mais de 14% da população mundial – viva em pobreza absoluta, ou seja, dispondo de um rendimento de cerca de 365 dólares por ano. Do outro lado do abismo, 15% da população mundial produziu e consumiu 70% do rendimento mundial. Enquanto isso, a ajuda externa dos países centrais aos países periféricos caiu de 0,37% do PNB em 1980 para 0,33% em 1989. As taxas de juros da dívida externa dos países do Sul subiram 172% entre 1970 (3,7%) e 1987 (10%), o que leva alguns autores a calcular em quarenta bilhões de dólares o montante anual das transferências líquidas do Sul para o Norte, sendo o primeiro literalmente mirrado de fome para a abastança do Norte. Pelas mãos de Alice, op. cit., p. 293.
Quando pensamos na "violência no Brasil de hoje", essa forma brutal de violência é levada em conta? Em um outro momento o mesmo autor conclui: Analisado à luz dos três setores selecionados – o aumento da população, a globalização da economia e a degradação ambiental – o espaço-tempo mundial parece defrontar-se com uma situação dilemática a vários níveis. Em primeiro lugar, o modelo do desenvolvimento capitalista assume uma hegemonia global no momento em que se torna evidente que os benefícios que pode gerar continuarão confinados a uma pequena minoria da população mundial, enquanto os seus custos se distribuirão por uma maioria sempre crescente. Se bem que a lógica e a ideologia do consumismo se globalizará, cada vez mais, a prática do consumo continuará inacessível a vastas massas populacionais. As desigualdades sociais entre o centro e a periferia do sistema mundial tenderão, pois, a agravar-se (p. 299). Fiquemos nesse primeiro ponto.
Os outros não são em nada menos animadores. Boaventura de Souza apenas sintetiza o que tem sido posto em público inclusive por representantes oficiais de instituições como a ONU, a FAO e a Unesco, entre outras. Todo o projeto porventura globalizado e o desenvolvimento econômico não deverão redundar em quase nenhuma alteração para melhor do quadro de desigualdade entre Norte e Sul, entre países do centro do sistema e os da periferia, o Brasil entre eles. Não haverá nem em plano internacional nem no interior da imensa maioria dos países emergentes melhor distribuição de renda, melhoria efetiva e verdadeiramente democrática até mesmo dos índices mais grosseiros de qualidade de vida. Os mais ricos estarão mais ricos e os mais pobres, mais pobres ainda. A expropriação de bens e de condições dignas do acesso ao trabalho permanecerá sendo uma das estratégias favoritas dos agentes de controle do atual sistema econômico mundial. Mesmo quando uma ordem mundial possa ser pensada segundo a lógica e dentro dos critérios do atual sistema econômico dominante, não há no horizonte esperança alguma de reversão do quadro de desigualdades, injustiças, privações e humilhações, e, em suma, de negação ativa de mínimos direitos humanos a uma imensa maioria das mulheres e dos homens de todo o planeta, para o qual a imagem da barbárie é a mais adequada.

13 Não há nenhum vínculo natural entre a propriedade e o dinheiro. O vínculo estabelecido hoje é somente o fato de um sistema ter concentrado sobre o dinheiro a força de todos os móbiles possíveis. Sendo doentio esse sistema, é preciso operar a dissociação inversa. Simone Weil, O enraizamento, Bauru, Edusc, 2001, p. 38.

[14] Humberto Maturana e Francisco Varela, A árvore do conhecimento, Campinas, Psy, p. 263. Os grifos são meus. A idéia de que biologicamente a emoção do amor é fundadora do humano e da construção de mundos sociais aparece em outros trabalhos de Humberto Maturana. Está exposta com extrema clareza no "Apêndice: nosso futuro humano" do livro escrito em parceria com Sima Nisis de Rezepka, Formação humana e capacitação, Petrópolis, Vozes, 2002. Mas, bem antes dele, em uma famosa passagem de O grande ditador, Charlie Chaplin disse: "Mais do que de máquinas, precisamos de humanidade. Mais do que de inteligência, precisamos de afeição e de doçura".

[15] Em Jogos cooperativos: o jogo e o esporte como um exercício de convivência, Projeto Cooperação, Santos, out. 2001, p. 23.

A natureza da paz

sobre a paz pensada como vida

Em vez de tratar a natureza como objeto passivo de uma possível manipulação técnica, podemos dirigir-nos a ela como a um *parceiro* numa possível interação. Em vez de uma natureza explorada, podemos ir em busca de uma natureza fraterna. Ao nível de uma intersubjetividade ainda incompleta, podemos atribuir a subjetividade aos animais, às plantas e, até mesmo, às pedras e *comunicar-nos* com a natureza, em vez de nos limitarmos a trabalhá-la, *quebrando* a comunicação. E a idéia de que uma subjetividade da natureza ainda agrilhoada não possa emergir antes que a comunicação entre os homens se torne livre, essa idéia – e isso é o mínimo que dela se pode dizer – continua a ter uma força de atração toda especial. Só se os homens pudessem se comunicar sem coação e se cada homem pudesse reconhecer-se no outro, só então a espécie humana poderia eventualmente reconhecer a natureza como um outro sujeito – não a natureza como o seu outro, como pretendia o idealismo, mas a si mesma, como sendo o outro desse sujeito.

Herbert Marcuse[1]

> A natureza é o corpo inorgânico do homem [...]. "O homem vive na natureza" significa que a natureza é seu corpo, com o qual ele deve permanecer em contínuo se não quiser morrer. Que a vida física e espiritual do homem está vinculada à natureza significa, simplesmente, que a natureza está vinculada a si mesma, pois o homem é parte da natureza.
>
> *Fritjof Capra*[2]

Tipos de olhares, escolhas de destino

As pessoas que aprendem-e-crescem – crianças, adolescentes, jovens – parecem compartir cada vez mais a compreensão e a sensibilidade de que os animais e as plantas, assim como as águas e os "verdes" do "mundo natural", são uma parte boa e nobre de nossas próprias vidas, e somos também nós, os humanos, aqueles que empobrecem cada vez que uma experiência única de Vida desaparece do Planeta. Fala-se sobre isso na TV, nos jornais, nas praças e, de uns tempos para cá, até mesmo nas escolas. Pois cada vez há mais aulas e atividades extra-classe sobre "o meio ambiente". Algumas vezes, a "matéria sobre a natureza", em alguns cursos, deixa de ser apenas informação sobre o assunto e abre-se um fórum sobre questões importantes ligadas à vida e os perigos que as idéias e os gestos dos humanos acarretam.

Aos poucos, mas de maneira clara e, espero, irreversível, nos últimos anos temos caminhado na direção de outros olhares, de outros valores, de outras compreensões e de outras sensibilidades. Muito mais do que antes, não apenas as utilidades do mundo natural, mas o próprio mistério da vida, nos toca mais e mais de perto. E o destino dos seres com quem compartimos uma mesma nave e casa é, cada vez mais e mais, a história cotidiana, frágil e heróica de nosso próprio destino.

Palavras como "paz", "direitos", "justiça", "felicidade", "sustentabilidade", "desenvolvimento", "solidariedade" têm tido os significados a cada dia mais estendidos. Mas, "estendidos" a quê?

Primeiro, num círculo mais próximo, a todas as categorias de pessoas, de todos os povos da Terra. Depois, em círculos mais e mais amplos, a outras dimensões mais naturalmente diferenciadas da vida e, no limite, de tudo o que existe. Tal como a epígrafe de Habermas, citada anteriormente, sabemos ser a cada dia mais artificial pensarmos um "mundo justo" ou uma "humanidade fraterna e em paz" sem que associemos "tudo isso" a uma crescente pacificação dos relacionamentos entre nós mesmos, seres humanos, e todos os outros seres que conosco compartem um mesmo mundo natural.

Creio que a educação tem um lugar importante no avanço da paz em nosso mundo presente. Creio que ela tem um lugar mais importante ainda na ampliação do círculo da paz. As páginas seguintes querem aproximar a *paz* da *vida* e querem propor algumas idéias nas quais a natureza da paz está muito próxima da extensão humana da paz à natureza.

Existem vários tipos de classificação de tendências ou tradições ligadas à ecologia ou ao movimento ambientalista. Como todas as classificações, elas separam diferenças e representam sempre uma escolha de autor. Pensei que poderia ser útil, apenas como um mapa, um indicador de rumos, propor uma escala de comparação entre três tradições amplas, sobre como pessoas e grupos estabelecem princípios básicos do que, em um trabalho anterior, chamei de *lógica da natureza* e de *ética do ambiente*. Se faço esse recuo antes de voltar à educação ambiental é porque acho que este poderia ser um exercício oportuno. Algumas diferenças que encontraremos na volta à educação, na escolha de idéias, no estabelecimento de valores e na qualificação de motivos e interesses, poderemos encontrar depois dentro das próprias diferenças entre tradições e vocações da educação.

Vamos chamá-las de tradições. Conjuntos complexos e articulados de conhecimentos, valores, preceitos, disposições e ações concretas nos relacionamentos entre os seres humanos (pessoas, grupos, agências, instituições, culturas e sociedades) e o mundo natural: o todo, os seres individualizados. Quero reconhecer na primeira o primado de uma lógica de *domínio-apropriação*; na segunda, o primado de uma lógica de *interesse-utilização* e, na terceira, o primado de uma lógica de *partilha-comunicação*. Os nomes são arranjos meus e podem ser impróprios. A escolha pessoal que faço pela terceira tradição pode conduzir-me a ser exagerado e injusto para com as outras duas e, mais ainda, para com a primeira. Espero que o leitor saiba fazer a sua crítica e, se necessário, reencontrar o rumo justo do equilíbrio no lugar em que eu o perdi.

Dito isso, quero reconhecer entre a primeira lógica e metade da segunda, *versus* a outra metade da segunda e a terceira, uma oposição, ora moderada, ora aguda, entre: o individual e a comunidade; a utilidade e a gratuidade; o interesse e a comunicação; a globalização regida por leis predominantes de uma lógica de mercado e a "planetarização" regida por princípios humanos alternativos.

Alguns gostam de rastrear em Francis Bacon uma das origens teóricas da primeira tradição. Não sei o que ele pensaria disso. Outros irão associá-la aos autores da história situada entre a consolidação da "conquista européia de novos mundos" e os atores do primado da expansão capitalista, primeiro sobre o Ocidente e, depois, sobre todo o mundo.

De acordo com o ponto de vista predominante, o que caracteriza o processo da história das trocas entre a sociedade e a natureza, logo, entre o homem e o mundo natural, é o princípio do domínio pleno deste por aquele. Isso supõe que por razões de essência, ciência e fé, os homens possuem plenos direitos de definição dos termos de seus relacionamentos com todas as outras esferas dos seres da vida não incorporados, como eles, à cultura e ao contrato social.

Alguns estudiosos do assunto gostam de lembrar a maneira como uma leitura unilateral de passagens da Bíblia e, em especial, das primeiras páginas do Gênesis, opõe, por princípio divino fundante da ordem do cosmos, o homem à natureza, outorgando a ele todo o direito de apropriação segundo os interesses de sua utilidade e, também, como a parte humana no complemento criador da obra perfeita de Deus. A natureza foi, para o homem ocidental, durante muitos séculos considerada o âmbito de cenários e seres "selvagens", "inóspitos", "perigosos", mas também disponíveis à civilidade através de um processo múltiplo de socialização, cujos princípios são o domínio absoluto de um campo de pura objetividade e a apropriação de seus seres, tomados ora como obstáculos ao progresso, ora como recursos cuja dominação devida o torna viável.

Uma lógica de trocas e uma sensibilidade de relacionamentos regida pelo antagonismo entre um pólo e o outro por muito tempo separou os homens do mundo natural pensado então como um lugar "dado" e de recursos inesgotáveis. Não devemos esquecer que em momentos mais exagerados de expansão do capital essa própria expansão é pensada como o ápice da evolução do processo civilizatório. Uma trajetória de conquistas em vários campos, ao mesmo tempo em que autoriza o homem ocidental a exercer domínio sobre outros povos e outros seres, gera e impõe a todos e a tudo as mesmas uniformes leis de mercado. Eles terminam por ser, acompanhados de suas razões econômicas traduzidas como de interesse social ou mesmo humanitário, o critério único que, ao mesmo tempo, estabelece e avalia todas as atuações humanas de conquista e expansão arbitrariamente apropriadora. "Arbitrário" e "expropriador", em termos atuais e brasileiros, são qualificadores que servem tanto para explicar a destruição irreversível dos cerrados e veredas do norte de Minas Gerais, em nome da produção de carvão para as siderúrgicas, quanto o pretender roubar dos povos indígenas as suas terras, com o argumento de que eles são "poucos", são "atrasados" e são, afinal, "um entrave ao desenvolvimento da Amazônia".

A tradição regida pela lógica do par interesse-utilização faz fronteira, nem sempre definida, com a do par domínio-apropriação. Ela é mais variada e será acertado reconhecer em suas expressões mais equilibradas as primeiras reações aos princípios e motivos da razão antecedente.

Entre outros historiadores, Keith Thomas identifica algumas mudanças muito importantes nos fundamentos de visões e sensibilidades dos europeus para com o mundo natural já na aurora da Idade Moderna.[3] Quais os seus fundamentos? Uma outra leitura cristã das Escrituras Sagradas, aproximando mais todos os seres da vida, substituindo o direito de domínio pleno pelo direito de proteção e responsabilidade pelo próprio destino da vida, entre os homens e sobre os homens. Uma nova síntese de idéias filosóficas e científicas que, na esteira do "salto de Copérnico", torna relativa a posição da Terra na ordem do Cosmos, e a do homem na escala da vida. Um lento desenvolvimento de novas sensibilidades estéticas e afetivas para com os cenários e seres da natureza. Pouco a pouco o mundo natural passa, de parte inconclusa da obra de Criação e de obstáculos ao avanço das civilizações, a ter um valor em si mesmo. A algo que vale por ser, justamente, natural, seja como evidência da infinita sabedoria da divindade, seja como algo que devolve ao homem, ameaçado pelos resultados de sua intervenção, a dimensão mais primitivamente pura de sua própria "natureza".[4]

Vejamos: tudo o que existe – vivo ou não – na casca do Planeta é ainda percebido como forma de existência cujo ápice é a vida humana realizada em suas sociedades e culturas. Mas agora, em nome da segurança, da realização e dos direitos das próprias pessoas da geração presente, e até mesmo das futuras gerações, os motivos e as intervenções humanas começam a ser pensados e regidos por visões de mundo e segundo éticas em que os "recursos" se transformam em "bens", e os direitos absolutos de domínio e apropriação devem ser submetidos ao sentido da utilidade e a critérios mais éticos do que econômicos do interesse.

A sociedade e seus sujeitos são ainda os princípios únicos de atribuição de valor sobre a natureza. Sobre o que deve definir a ética das relações entre o consumo de carne e óleo e as baleias; entre a carência ocidental de madeiras e os destinos das florestas tropicais. Mas alguns critérios antes não considerados, ou estabelecidos de maneira rasteira e arbitrária dentro de uma lógica do domínio, são revisitados e começam a ser internacionalmente redefinidos, dentro de uma lógica múltipla do interesse e da utilidade. Não apenas e nem com prioridade, a "empresa", o "mercado" ou a "expansão civilizatória do Ocidente", mas também" a Terra e seu destino", a "humanidade e seu futuro", os "direitos dos povos" e, no limite, os das "gerações vindouras", passam a ser os valores que fundam os princípios e os critérios que pouco a pouco estabelecem, humana e juridicamente, os preceitos.

Muito do que hoje em dia consideramos como os primórdios do conservadorismo e do ambientalismo teve suas origens, como ideário e como movimento, nessa progressiva mudança de horizontes. Pois se os sujeitos sociais são ainda os senhores dos motivos e os agentes das ações, eles são agora também os responsáveis pelos destinos do mundo natural, incluídos aí os da própria humanidade, a de agora e a futura.

Uma diferença pequena e importante separa em essência a segunda e a terceira tradição. Na segunda, o sujeito dos sentimentos e dos significados e o agente responsável das ações sobre o mundo confunde-se com a sociedade e seus autores. Se agora um cuidado com o meio ambiente deve ser exercido e se a natureza deve ser respeitada e até mesmo estimada, os beneficiários ainda são as pessoas e a vida social; a escala múltipla de seus interesses e os temores de seu destino. Diante do interesse expropriador e até mesmo devastador de alguns, é toda uma cadeia de "outras pessoas", de "cidadãos", de "direitos humanos", de "novas gerações", de "povos autóctones" que deve ser levada em conta e respeitada. São os interesses humanos de dimensão ambiental o que importa preservar e reintegrar. Um crescente sentimento de co-responsabilidade surge e adquire grande dimensão.

Quem se organiza, grita e protesta quando o poder militar francês ameaça reiniciar os testes atômicos no Atol de Mururoa? Os ilhéus tribais do Taiti, o governo da Austrália, uma infinidade de ONGS internacionais, uma fração importante dos intelectuais franceses, os poetas do Chile. Em nome de quem e do que todos protestam, e com base em quais princípios? Em nome dos direitos civis de toda a humanidade, de todas as pessoas e de todos os povos. Em favor da garantia de qualidade natural de vida, que pode vir a ser ameaçada sem respeito a fronteiras políticas por causa das decisões de algumas pessoas e alguns grupos que agem "contra a humanidade" e em favor de interesses não apenas exclusivos e excludentes, mas também eticamente questionáveis.[5]

Cada vez mais tomamos consciência de que, em escala a cada dia mais planetária, a própria paz entre os povos dependerá da maneira como venham a ser estabelecidos acordos políticos relacionados ao manejo dos "bens" e dos "recursos" da natureza. A expansão desigual e perigosamente descontrolada dos padrões de consumo ameaça, de maneira visível, tanto a exaustão de recursos naturais não-renováveis quanto à qualidade de elementos do entorno ambiental de que depende a própria qualidade presente e futura de nossas vidas. Quando não houver mais água potável para todos, a quem caberá o direito de decidir quem deve beber e quem deve morrer de sede?

É intrigante observar como algumas vezes os aparentes opostos se encontram. Isso é uma ilusão passageira ou um sinal de novos tempos? O fato é que muitas pessoas partidárias de uma lógica de idéias e de uma ética de valores fundadas em princípios de partilha-comunicação costumam aproximar os conhecimentos científicos mais atuais ao pensamento e à visão de mundo "dos índios norte-americanos", ou de algumas tradições ancestrais do Oriente, quando não de alquimistas e místicos da Idade Média cristã. Há um consenso de que novos modelos mais totalizantes, mais holísticos e mais abertos a integrações entre ciências e entre a ciência, a arte e a espiritualidade precisam com urgência ocupar o lugar reservado até aqui à maneira de conhecer, de pensar, de estabelecer valores e de criar disposições de ações, fundadas em modelos científicos, políticos e econômicos que até o presente nortearam de maneira dominante a expansão do Ocidente.

Sem pretender tornar inválido tudo o que foi até aqui conquistado pela herança cartesiana de nossas ciências e de nossas tecnologias, muitos cientistas, místicos e líderes espirituais, artistas e até mesmo políticos acreditam que chegou a hora de nos abrirmos a novos paradigmas e estabelecermos visões e sensibilidades mais totalizantes e compreensivas, capazes de integrar o que até agora esteve excluído.

Vimos que separa a tradição regida por princípios de *domínio-apropriação* de uma ampla e multiforme tradição regida por preceitos fundados no *interesse-utilização*, a compreensão de que os direitos humanos gerais para com a natureza e dependentes da ordem do meio ambiente são, como uma modalidade de interesse histórico e social de ampla escala, superiores aos interesses de domínio do mundo e de apropriação econômica indiscriminada por parte de alguns.

De igual maneira, separa a lógica dessa tradição a de uma outra, fundada em princípios de *partilha-comunicação*, o salto a uma outra dimensão de direitos e de responsabilidades. Pois dentro de uma outra síntese de uma nova totalização, os sujeitos chamados ao diálogo e os seres a quem se estendem os direitos não estão mais limitados aos humanos, solitários e em busca de extraterrestres, mas a todos os outros seres e cenários que compartem conosco, aqui, à nossa volta, o mesmo mistério da vida.

Quero calar por um momento a voz de minha escrita e trazer alguns trechos de um filósofo e de um antropólogo que me marcaram muito. Ouçamo-los com atenção.

O primeiro é Jurgen Habermas. Em um diálogo com Marcuse, e mesmo utilizando textos dele em sua crítica sobre os usos da ciência e da tecnologia em nosso tempo, ele lembra que:

> [...] assim também Marcuse escreve: "O ponto que estou tentando mostrar é que a ciência, em virtude de seu próprio método, e de seus conceitos, projetou e promoveu um universo no qual a dominação da natureza permaneceu vinculada à dominação do homem – um vínculo que tende a ter efeitos fatais para esse universo como um todo. A natureza, cientificamente compreendida e dominada, reaparece no aparato técnico de produção e destruição que mantém e aprimora a vida dos indivíduos, ao mesmo tempo em que os subordina aos senhores do aparato. Assim, a

hierarquia racional se funde com a social. Se esse for o caso, então uma mudança na direção do progresso, que pudesse romper esse vínculo fatal, também afetaria a própria estrutura da ciência – o projeto científico. Sem perder o seu caráter racional, suas hipóteses se desenvolveriam num contexto experimental essencialmente diferente (o de um mundo pacificado); conseqüentemente, os conceitos de natureza aos quais a ciência chegaria, bem como os fatos que viria a estabelecer, seriam essencialmente diferentes".[6]

A segunda passagem que deve ser lida agora, é a de nossa segunda epígrafe e eu o convido, leitor, a que volte a ela por um momento. Feito isso, quero me atrever a trazer aqui algo que escrevi quando me deparei pela primeira vez com as passagens de Habermas e Marcuse, que estamos rememorando:

O passo dado aqui por Habermas através de Marcuse é o de buscar estabelecer o princípio de uma natureza intencionada pela cultura como um *em-si* e não mais como um para-o-outro. Recentralizar nela o valor-de-si-mesma e não mais o de um-bem-para-o-homem, o que significa uma compreensão de seus seres-do-ambiente – animais, plantas e pedras, por exemplo – como algo disponível para e não mais à disposição de. Claro, isso vale para uma série de novos termos de uma oposição consagrada. Por exemplo, a passagem da passividade à atividade, onde sujeitos do mundo natural não sejam percebidos como reagindo à ação do trabalho humano, mas co-participando de seu processo em sua dimensão própria. A passagem da subordinação à comunicação, em que, vimos, a idéia de um novo padrão de diálogo está sempre presente.[7]

Passemos de Habermas-Marcuse a Claude Lévi-Strauss, um dos antropólogos mais conhecidos e mais importantes da atualidade. Ao comentar uma proposta de reformulação de alguns aspectos da Constituição francesa, e falando especialmente da questão da liberdade, ele não hesita em ampliar o campo dos direitos do contrato social, isto é, do âmbito restrito dos seres humanos em sociedade, ao círculo pleno da vida e de todos os seres da vida. Assim, conseqüente com uma pan-compreensão do sentido mais fecundo da liberdade e dos direitos à felicidade, ele lembra que os poderes e direitos de intervenção humana sobre o mundo natural devem cessar no justo momento em que venham a colocar em riscos os direitos de sobrevivência de qualquer outra espécie viva.

> Podemos então conceber um fundamento para as liberdades em que a evidência seja suficientemente forte a ponto de ela se impor indistintamente a todos? Somente conseguimos perceber um, mas ele importa que a definição do homem como um ser moral – pois este é o seu caráter mais manifesto – seja substituída por aquela que o define como um ser vivo. Ora, se o homem possui por conseqüência direitos sob condição de ser um ser vivo, disto resulta imediatamente que tais direitos, reconhecidos à humanidade como uma espécie, encontrem os seus limites naturais nos direitos das outras espécies. Os direitos da humanidade cessam, portanto, no momento preciso em que o seu exercício coloca em perigo a existência de uma outra espécie.[8]

Revendo alguns expoentes do pensamento social de nosso tempo, eis-nos diante de um antropólogo que traz para o campo dos direitos "naturais" o mesmo amplo círculo da vida que os dois filósofos sociais convocam para o circuito do diálogo conosco, seres humanos da vida. Embora não sejam todos, um número crescente de cientistas subscreve esse gesto de conseqüência teórica e prática. Um gesto de incorporação e aí sim, a idéia abstrata muitas vezes de "holismo" me parece ter um grande sentido – de círculos muito mais vastos do que os atuais de ordem viva do Cosmos, à intersubjetividade, ao diálogo e à comunicação. Um gesto de realista generosidade também para conosco, pois sua ousadia tornará menos pesada a dura solidão dos homens no mundo. Mas o seu preço é alto, ainda que tão visivelmente urgente e justo: submeter o direito do interesse humano de utilização da natureza em seu exclusivo benefício aos direitos da vida à partilha conosco de um mesmo caminho dirigido à concórdia e à paz.

Pois entre uma tradição ousada e as outras duas, onde havia uma oposição constitutiva do antagonismo entre os dois pólos – natureza e sociedade – existe agora o esforço dirigido à convergência e à composição. Onde havia o reconhecimento de um pólo único de subjetividade ativa, contraposto a outro, de objetividade passiva, vulnerável ao domínio e à expropriação unilateralmente utilitária, existe agora o reconhecimento de que, representando formas e momentos diferentes da experiência da vida, nem por isso os homens e os outros seres precisam ser desiguais. Se antes os próprios ideais humanos de respeito pela vida e salvaguarda do ambiente tinham sua razão última na satisfação dos desejos e na escala dos interesses dos homens, agora eles se deslocam, sem em nada se desumanizar, dos direitos à vida restritos aos humanos aos direitos da vida de todos os seres, incluindo os seres humanos.

A natureza da paz: alguns valores e princípios da educação ambiental

Quero resumir meus objetivos, sugerindo seis pontos sobre as relações entre *educação ambiental* e *construção da paz*. Ei-los:

1) Como projeto recente, a *educação ambiental de vocação emancipatória e dirigida à causa da paz* é uma *escolha* entre outras de que a educação historicamente se reveste para realizar aspirações humanas de valor social, situadas muito além da simples tarefa de transmitir conhecimentos e de habilitar instrumentalmente outra geração;

2) O foco de tal "escolha de educação", como um projeto de formação humana, está fundamentado e centrado em novos modelos de idéias e valores, em que outras formas de relacionamentos entre os seres humanos e entre estes e outros seres da vida são tidos como possíveis, urgentes e essenciais;

3) A *educação ambiental emancipatória e dirigida à causa da paz* parte da idéia matriz de que os atuais fundamentos, propósitos e princípios tradicionais que estabelecem como valor o direito ao domínio de outras pessoas e do mundo natural em nome de interesses utilitários em todos os campos de relacionamentos podem e devem ser radicalmente transformados em, ou substituídos por, valores, propósitos e princípios fundados sobre a cooperação, a partilha e a solidariedade, em busca da pacificação das relações entre os seres humanos e entre a humanidade e os outros seres da Vida;

4) Em nome da criação de novas *comunidades de vida e de destino*, tal projeto de *educação* convoca novas disposições de há muito sugeridas por antigas e novas espiritualidades, filosofias e projetos humanistas de vida: a partilha, a co-responsabilidade e a participação crítica e criativa na criação de mundos sociais; a solidariedade e a cooperação, em lugar do interesse individualista, corporativo e utilitário, e da competição e conquista como forças propulsoras das ações humanas e das relações entre a sociedade e o meio ambiente;

5) *A educação ambiental com vocação emancipatória e pacifista* reintegra conhecimentos e valores fundados em novos olhares sobre o mundo, a vida e o homem, como os afetos e as sensibilidades (as emoções em Humberto Maturana), considerando as dimensões afetivas e expressivamente artísticas e espirituais do trabalho pedagógico tão importantes quanto as dimensões regidas pela racionalidade e pela lógica.

6) Finalmente, tal proposta *educação* propõe-se a ser não "outra matéria ou disciplina curricular" na escola, dentro de velhos programas e velhos propósitos, mas, antes, uma "outra energia" capaz de participar de processos de transformação da própria educação.

Uma vez mais na história da vida e na das culturas humanas, estamos diante de novos modelos de pensamento e de novas alternativas de imaginação e de sensibilidade. Claro, não há unanimidade sobre o assunto e por certo nunca haverá. Mas por toda a parte nos vemos envolvidos no desafio de uma nova tradição que impele a intercâmbios entre áreas e campos das ciências desde há muito esquecidos. Mais, que impele a intercomunicações entre cientistas, artistas, militantes da paz; pessoas das mais diversas religiões ou espiritualidades.

Velhas respostas às antigas perguntas estão sendo revisitadas e as dúvidas que temos sobre os mistérios de agora e os de sempre não poderão mais ser solucionadas através de um único olhar. Não poderão mais provir de uma única ciência.

Da mínima molécula de vida ao que se passa neste momento em Buenos Aires, na Argentina, ou nas beiras do Oiapoque, no Brasil, tudo está interligado e em interação. Em todas as dimensões – por muito tempo separadas por um apressado falso olhar dos compartimentos das ciências, partículas e fluxos de momentos de trocas de energias e de movimentos fantásticos das muitas faces da matéria, da vida e da consciência – coordenam e movem a extraordinária ordenação do universo. Uma compreensão holística do pleno sentido da vida e do lugar de partilha dos homens nela haverá de transformar com o tempo não apenas o nosso conhecimento científico sobre todas as coisas, mas também a qualidade essencial dos próprios significados dados pelas culturas humanas ao mundo e ao destino. E, como ela, o sentido e a direção de nossas motivações e de nossos sentimentos para com tudo. Pois em planos cada vez mais abrangentes e mais integrados, estaremos todos, todas as pessoas e outros seres da vida, interligados em novas solidárias comunidades de destino.

Uma consciência inadiável diante do que temos pela frente deve estabelecer entre as pessoas e os povos a consciência e a disposição que nos transformará de usuários arbitrariamente interesseiros em sujeitos responsáveis pelo predomínio da paz em todos os planos e entre todos os seres da vida. Pois se ainda somos aqueles que tomam a seu cargo o decidir sobre interesses, utilidades e destinos, é preciso que saibamos estabelecer entre nós, povos, sociedade e culturas, e entre nós e os animais, e as plantas e todo o mundo da natureza, aquele padrão de relacionamento de que falava Marcuse, em que ao lado de uma humanidade em paz reine entre nós um "mundo pacificado", a partir do estabelecimento de novas relações de comunicação entre nós próprios e todos os outros seres. Claude Lévi-Strauss defende que não é mais possível estabelecer o primado da liberdade sem estender seu critério a todas as espécies da vida. Herbert Marcuse e Jurgen Habermas lembram que não há como estabelecer a passagem da apropriação utilitária para a comunicação solidária sem, de igual maneira, convocar os seres do mundo natural a um diálogo entre sujeitos. Pensemos o mesmo para a realização da paz!

Esse é o sentido em que a *educação ambiental* deve ser compreendida como muito mais do que um acréscimo curricular, como a "história pátria" ou a "comunicação e expressão". Ela é, como outras, uma vocação da educação. Diferentes que sejam em suas origens e na tônica política e histórica de seus projetos de transformações sociais e culturais, *educação popular*, *educação e cidadania*, *educação e direitos humanos, educação* para *a paz, educação e valores humanos* representam vocações de ênfases e apelos que revestem a experiência pedagógica de um desafio de alcance muito mais amplo e fecundo do que o do trabalho normativo de transferir conhecimentos consagrados (alguns deles consagrados demais!) e distribuir desigualmente habilidades e habilitações.

É num território de idéias, ideologias políticas transferidas a projetos pedagógicos e propostas culturais de construção de futuros, já ocupado por outras vocações antecedentes, que a recente *educação ambiental* se insere. Se de um lado ela não deve ser reduzida, vimos, a um complemento curricular, a uma "nova matéria" (como quando volta e meia fala-se em "educação sexual" ou "educação para o trânsito" nas escolas), de outra parte é preciso não exagerar a tal ponto o seu lugar, que se imagine a possibilidade de que ela seja um novo paradigma destinado a jogar para o museu da educação as vocações anteriores.

De minha parte, acredito que a *educação ambiental* soma projetos e, dentro de seu campo e em sua dimensão apropriada, amplia os horizontes das outras vocações da educação. Não seria esse o caso das relações entre a *educação para a paz e a educação ambiental*? Pois além de enfatizar o primado social da paz como um pressuposto, a *educação ambiental* almeja ampliar, como vimos, o seu círculo de participantes e de beneficiários. Pois se trata de pensar e propor culturalmente os termos de um projeto de construção social do futuro. Um projeto no qual a fecunda predisposição para a compreensão responsável, a comunicação solidária e o primado da paz e da justiça entre todos os seres de cada sociedade e de todos os povos tenham um de seus fundamentos centrais na consciência sensibilizada da necessidade de pacificação também nas trocas e relacionamentos entre os homens e os outros seres do mundo natural. No equilíbrio entre o desenvolvimento material e espiritual das potencialidades humanas e o respeito integral aos direitos de realização da vida e destino dos seres vivos em todas as suas dimensões.

Eis uma maneira como a conjunção entre duas vocações convergentes da educação, através de um alargamento científico, ético, afetivo e pedagógico que estenda a própria vocação da paz à natureza, abrirá o caminho a uma expansão generosa do sentido da natureza da paz entre todos nós.

Do primado do interesse individual ao primado da comunidade solidária

A meta da Educação Ambiental é desenvolver uma população mundial consciente e preocupada com o ambiente e com os problemas que lhe são associados, e que tenha conhecimento, habilidade, atitude, motivação e compromisso para trabalhar individualmente e coletivamente na busca de soluções para os problemas existentes e para a prevenção de novos.

Unesco, Carta de Belgrado

Nós, signatários, pessoas de todas as partes do mundo, comprometidos com a *proteção da vida na Terra*, reconhecemos o papel central da educação na *formação de valores e ação social.* Nos comprometemos com o processo educativo transformador através do envolvimento pessoal, de nossas comunidades e nações, para criar sociedades sustentáveis e eqüitativas. Assim, tentamos trazer novas esperanças e vida para o nosso pequeno, tumultuado, mas ainda assim belo planeta.

Consideramos que a Educação Ambiental para uma sustentabilidade eqüitativa é um processo de aprendizagem permanente, baseado no respeito a *todas as formas de vida*. Tal educação afirma valores e ações que contribuem para a formação de sociedades *socialmente justas* e *ecologicamente equilibradas*, que conservem entre si relações de *interdependência* e *diversidade*. Isto requer responsabilidade individual e coletiva em nível local, nacional e planetário.

Tratado de Educação Ambiental para Sociedades Sustentáveis e Responsabilidade Global, resultante do Seminário Internacional sobre Educação Ambiental, realizado em 1975, em Belgrado

Educação, incluindo a educação formal, a conscientização e o treinamento, deverá ser reconhecida como um processo pelo qual os seres humanos e as sociedades podem atingir o seu potencial máximo. [...] Tanto a educação formal quanto a não-formal são decisivas para alcançar uma conscientização ambiental e ética, valores e atitudes, habilidades de comportamento compatíveis com o desenvolvimento sustentável e para uma efetiva participação planetária, pública no processo decisório. Para surtir efeito [...] deverá tratar da dinâmica tanto do ambiente físico-biológico quanto do socioeconômico e do desenvolvimento humano (que pode incluir o espiritual); deverá estar integrada em todas as disciplinas; e deverá utilizar métodos formais e não-formais, de meios de comunicação efetivos.

Parte do documento Agenda 21, da ECO 92, realizada no Rio de Janeiro em 1992[9]

O leitor atento deve ter observado que entre essas três definições de tempos seqüentes e algumas das idéias escritas aqui há uma apreciável proximidade. O mesmo reconhecimento do lugar relevante da educação. O mesmo apelo à criação de idéias, saberes, valores e motivações de responsabilidade solidária e de efetivo compromisso para com a vida e a paz. O mesmo pressuposto de que a educação ambiental não acrescenta uma nova disciplina às grades curriculares, mas quer ser uma nova vocação da educação e quer reintegrar velhos valores e aportar novos, entre os quais o mais central é a responsabilidade para com a vida como um valor, eixo de outros.

Uma palavra que não tinha surgido até aqui, entra em cena. E a importância dela e de suas derivadas não parece ser pequena: sustentável, sustentabilidade, desenvolvimento sustentável, desenvolvimento auto-sustentável. Na segunda definição, fala-se mesmo de "sociedades sustentáveis e eqüitativas".

Essas têm sido mesmo fontes de idéias renovadoras e centrais. Há muitos documentos que refletem sob vários pontos de vista a idéia de sustentabilidade, sem o que parece improfícuo pensar soluções para qualquer questão ambiental. Deixo, portanto, de lado esse aspecto mais técnico das palavras e quero trazer para a proposta da "alma da educação ambiental" alguns preceitos a respeito de seu espírito.

Pensado a fundo, o que quer dizer *sustentável*? O que quer dizer *eqüitativo*? Por debaixo de decisões públicas, no interior de programas de ação, penso que essas duas, e outras palavras companheiras, são um apelo em direções muito convergentes. Uma aponta para a mudança pessoal e coletiva de modo e de estilo de vida, em direção a um assumido despojamento, a uma atitude decidida de simplicidade voluntária; à constituição mesmo de atitudes e motivos não-consumistas e generosamente preservacionistas como um valor. A segunda aporta para a transferência de valores e motivos individuais e coletivos centrados no interesse utilitário e regidos pelo primado do que aqui e ali temos chamado de "leis do mercado", para valores e motivos centrados na partilha solidária de bens, serviços, símbolos e significados. Isto é, em princípios de vida regidos pelo primado de relações dialógicas (em que a pessoa do *outro* e os sujeitos da *vida* são e se preservam como valores em si mesmos, nunca redutíveis à objetividade de suas utilidades, e da constituição de experiências comunitárias de partilha eqüitativa da própria vida).

Eis um bom motivo para uma educação ambiental começar por rever a si mesma. Seu primeiro grande desafio: como transformar valores, sentimentos e motivos centrados em *ego-ações* nos seus equivalentes em que essas *ego-ações* estejam integradas em *eco-ações?* Um outro: como substituir, sem remorsos, todo um esquema de ensino e aprendizagem centrado na concorrência e na competição entre as pessoas, segundo os interesses mais perversos das leis do mercado, por um diálogo pedagógico centrado na convergência e na comunicação, no qual a própria auto-afirmação resulte do diálogo entre iguais e da partilha eqüitativa dos próprios bens do saber? Mas existe aí um outro desafio: como fazer da prática solidária não somente um recurso pedagógico, uma estratégia de ensino para facilitar a aprendizagem, mas um valor central da educação e um objetivo fundador de seus motivos?

Um sentido utilitário, interessado e instrumental da *educação* chega em nosso tempo ao seu ponto máximo. Observadas com cuidado, todas as vocações alternativas da educação – entre elas a *educação para a paz e a educação ambiental* – querem ser grito de alerta e uma outra proposta. Reduzida cada vez mais ao treinamento de habilidades e à acumulação de conhecimentos instrumentais e de valores utilitários (ninguém melhor do que o homem ou a mulher que supera os outros, conquista espaços, domina tudo ao seu redor e "vence na vida" ... vencendo a vida), a "educação-que-está-aí" é um resíduo renovado de um difuso projeto pedagógico subordinado à tradição de *domínio-apropriação* sobre a vida e sobre os outros. Que futuro humano esperar de sua vitória sobre outros modelos, fundamentados na partilha e na comunicação?

Mas o que vem a ser isso, afinal?

Lembro-me de Martin Buber. Entre as duas guerras mundiais ele dedicou a vida, na Europa e em Israel, à causa da paz fundada na criação de um espírito comunitário. Um "caminho do meio" entre o individualismo e o coletivismo estatal. Sua idéia mais central é a de que o *diálogo,* como um princípio de *comunicação*, e a *comunidade*, como o lugar social da realização da comunicação entre pessoas livres e solidárias, não deveriam nunca ser instrumentalizados. Não deveriam ser utilizados como meios para a realização de algo social ou simbólico "fora deles". Antes, deveriam ser fins fundantes da própria vida social.[10] De igual maneira, uma *educação a serviço da paz e da concórdia* não poderia jamais ser instrumentalizada. Vejamos bem. Se o valor central da realização humana de partilha da felicidade está na própria relação entre as pessoas e na sua qualidade em si-mesma, então o motivo fundante da educação é o aprimoramento da qualidade das relações entre as pessoas, em todas as suas dimensões. Se o lugar social da realização da vida entre as pessoas e entre os povos são as comunidades autônomas de participação e partilha livre e responsável de vidas, então é a isso que a educação deve servir. E à criação de seus valores e ao fortalecimento de seus motivos. À educação dos sentidos e dos sentimentos em uma direção de humanização até aqui nunca tentada em ampla escala.

Da lógica ao drama, do conhecimento puro ao sentimento que sente o que conhece

Muitos educadores de hoje redescobrem a sensibilidade como um valor e como um motivo na educação. Uma vez mais, não se trata de lançar mão, utilitária e tecnicamente, de todo o lado afetivo dos alunos para "facilitar a aprendizagem". Ao contrário. Trata-se de torná-la mais densa, mais profunda, mais difícil até. Pois o que importa é o desenvolvimento do todo das pessoas, com ênfase especial no aperfeiçoamento individual e interindividual de sensibilidades e da intersensibilidade.

Essa é a dimensão de uma "visão holística" nem sempre levada em conta nos projetos mais ambiciosos de vocações da educação. Ao mesmo tempo em que nos vemos diante da urgência de uma revisão revolucionária de paradigmas científicos e éticos (onde está o Copérnico de nosso tempo?), eis que nos defrontamos com as necessidades de criar modelos de educação corajosamente renovadores. E não apenas como algumas poucas, surpreendentes e efêmeras "experiências pedagógicas", mas como projetos de ampla duração e de largo alcance. Algo que transforme toda a educação, inclusive e principalmente a educação escolar pública e gratuita, e todas as suas agências.

Alguns educadores têm chamado a atenção de todos para o direito ao prazer. O direito à fruição gratuita e gratificante do imaginário da realização de desejos e de sensibilidades, não como algo a que a educação também se destina, como um produto, mas como algo que está dentro dela, como o espírito vivificador de seu processo. No entanto, observo que no mais das vezes as propostas de redramatização ativa da educação, de reexperimentação da criatividade e do prazer dentro e à volta das salas de aula surgem impregnadas de um desvio, em que a individualidade do sujeito desemboca em um individualismo de pessoas-objetos, centradas na satisfação de seus próprios apelos e na "realização-de-si-mesmo" como uma "ilha-feliz"; feliz... mas ilhada.

O que quero sugerir com muito empenho é algo que já existe como um valor e um desejo em boa parte dos educadores vocacionados (os participantes voluntários e/ou profissionais em alguns projetos de escala local, nacional ou mesmo planetária de alguma proposta de educação como uma vocação assumida).

É a idéia de que o lugar pleno de realização do "bem da educação", de seu prazer de "estar ali", está na partilha. Está no despojamento das utilidades instrumentais (estudar para aprender a fazer algo útil) e dos interesses competitivamente individuais, na submissão de uma coisa e outra (e aí elas passam a ser valores positivos) a um espírito de intercomunicação, de co-criatividade, de realização de si através do diálogo afetivo e consciente com o outro. Um diálogo que, repito e lembro Martin Buber, não é um meio pedagógico de ensino, mas é o fim humano da própria razão de ser de qualquer boa pedagogia.

Na oposição entre uma globalização utilitária pelos interesses infra-humanos do mercado de bens e uma planetarização solidária das pessoas constituídas, como seres da vida, como um valor irredutível em si mesmo, é a isso que deve servir todo o trabalho de transmissão de conhecimento dentro e fora do âmbito da escola. O prazer do sentimento que sente o que conhece, e que o integra como fruto de experiências escolares gratificantes em si mesmas e não "para alguma coisa". Algo situado fora da própria gratificante relação entre pessoas e fora de sua resultante social e cultural: a criação de espaços comunitários de vida junto aos já existentes, ou naqueles a criar. Pois não é menos do que isso o que deve aspirar uma *educação ambiental* conseqüente com a dimensão de sua própria vocação: participar do trabalho, ao mesmo tempo local e planetário, de criação de mais do que novos paradigmas de conhecimentos e valores. Participar da fundação presente de seus contextos sociais concretos, realizáveis aqui e agora.

Fique mais do que claro que, em seu sentido mais conseqüente, essa é uma sugestão radical para a educação, revestida de suas responsabilidades para com o ambiente, a natureza e a vida. Esse é também um sentido em que a própria palavra "consciência" precisa recuperar aqui todo o poder que pretendeu possuir, por exemplo, durante os anos de fundação, entre nós, da *educação popular*, há cerca de trinta anos. Revestida de um apelo que integra a sensibilidade e o conhecimento, o diálogo entre os sujeitos da educação e os da vida social e, depois, os de toda a experiência da vida, uma *educação ambiental* conseqüente não pode limitar-se a ser um mero repositório de conselhos e preceitos de teor conservacionista. É preciso que entre o seu lado expressivamente dramático (em termos construtivistas, por exemplo) e a sua face lógica, ela venha a ser o lugar crítico da partilha da consciência do que está de fato acontecendo hoje e do que poderá vir a nos acontecer.

Não basta "ensinar" crianças, adolescentes, jovens e adultos, dizendo-lhes o que deve ser sentimental e tecnicamente feito "por todos e cada um de nós". É preciso "educar" associando cada *corpus* de conhecimentos e de valores-preceitos ao reconhecimento histórico e social do jogo de forças e de interesses que conspiram contra a paz entre os homens e contra a paz entre eles e a vida. Nada deve ser escondido e, ao contrário, toda a experiência dialógica deve levar a transparência e a verdade aos seus limites.

E é também isso o que propicia à *educação ambiental* e a uma *educação para a paz* o participar, com outras vocações igualmente emancipatórias da educação, de um enorme esforço no sentido de reescrever ênfases e sínteses de relações entre a ciência e a consciência.

Vejamos um exemplo: a própria História do Brasil que é ensinada nas nossas escolas poderia ser reinventada. Reinventada e reensinada, primeiro em nome da própria vocação de busca múltipla e diferenciada verdade, que deveria ser a sua vocação original. Depois, em nome de pensar o passado e ensinar, através dele, lições de presente e futuro, a partir de outros valores e de outras imagens e idéias. Ela poderia retrabalhar inteiramente o processo da história das ocupações de territórios, a começar pela crítica dos motivos de tais "conquistas" e de seus efeitos sobre os cenários de natureza e de ambiente desses territórios. Depois, nesse próprio processo de narrativa histórica da socialização da natureza, poderia fazer interagirem cenários naturais e atores sociais. A começar pelos atores da vida cotidiana, que foram muito mais às frentes camponesas do que os bandeirantes, para tomarmos apenas um exemplo.

Em outra direção e na mesma linha de pensamento, histórias da vida e não das elites e dos "heróis escolhidos" para estabelecerem mitos de identidades regionais e nacionais, poderia justamente relativizar e contextualizar os nossos heróis pátrios, deslocando para "toda a gente à volta" os focos do olhar.

Em um terceiro momento, sempre interligado com os dois antecedentes, outra História poderia desqualificar completamente as visões patrióticas que tornam as nossas e as outras guerras grandes narrativas mentirosas e "patrioteiras", acontecimentos a serem lidos desde todos os ângulos e olhares possíveis, para que as verdades dos fatos sejam não propriamente estabelecidas, mas postas em suas diferentes versões umas diante das outras.

Poderíamos pensar em um momento de "leitura da Guerra do Paraguai", por exemplo, a partir de uma franca e aberta leitura cruzada de textos de época e de livros atuais de escolas aqui do Brasil, do Paraguai, da Argentina e do Uruguai. E, quem sabe, também os mitos e as narrativas dos índios guaranis e dos kaingangs não teriam muito a nos contar sobre ela? Como pensar em semear a paz e formar pessoas com vocação para a paz se continuamos a alimentar o imaginário de nossos filhos com histórias em que o grande ato humano é a conquista, e em que o supremo bem é a vitória sobre os outros?

Se seguirmos assim, até quando haverá "outros?" Até quando haverá "vida"? Até quando haverá "mundo"? E, nele, até quando haverá... "nós"?

Notas

1 Herbert Marcuse, A ideologia da sociedade industrial, Rio de Janeiro, Jorge Zahar, 1967.

2 Fritjof Capra, O ponto de mutação, São Paulo, Cultrix, 1993, p. 199.

3 Remeto o leitor ao livro de Keith Thomas, O homem e o mundo natural: mudanças e atitudes em relação às plantas e aos animais (1500-1800), São Paulo, Companhia das Letras, 1988.

[4] De novo Keith Thomas, especialmente nos três primeiros capítulos. Algo sobre o tema pode ser encontrado também em: O território do vazio: a praia no imaginário ocidental, de Alain Corbin, São Paulo, Companhia das Letras, 1989. Mas para oportunas referências a Bacon, ver Fritjof Capra, O ponto de mutação, São Paulo, Cultrix, 1993.

[5] Essas perguntas não são vãs e os seus fundamentos são bastante conhecidos. Eis o relato de um breve e contundente depoimento, entre tantos outros: "Nos Estados Unidos, onde o consumo e o desperdício excessivos converteram-se num modo de vida, 5% da população do mundo consome atualmente um terço dos seus recursos, com um consumo de energia *per capita* que é cerca do dobro da maioria dos países europeus". Fritjof Capra, op. cit., p. 209.

[6] Em sua tradução brasileira, o artigo de Jurgen Habermas "Técnica e ciência enquanto ideologia" está em uma coletânea de textos escolhidos dedicada a alguns autores da Escola de Frankfurt. É da Coleção Os Pensadores, São Paulo, Abril, 1975. As passagens de seu texto mais entremeadas de questões de relacionamentos entre os homens e o mundo natural estão no artigo: "Outros olhares, outros afetos, outras idéias – homem, saber e natureza", de meu livro: Somos as águas puras, Campinas, Papirus, 1994.

[7] Carlos Rodrigues Brandão, Somos as águas puras, op. cit., pp. 75-6.

[6] De igual maneira, algumas passagens do artigo de Claude Lévi-Strauss "Réflexions sur la liberté" estão no mesmo artigo de meu livro mencionado na nota anterior. O original pode ser encontrado em: Le regard eloigné, Paris, Plon, 1983. Há tradução para a língua portuguesa.

[9] Recolhi essas definições sobre a educação ambiental da dissertação de mestrado de Eliane Simões, defendida na Pontifícia Universidade Católica de São Paulo em 1995. Suas intrigantes reflexões teóricas sobre a questão e seu estudo sobre uma experiência realizada na Ilha do Cardoso merecem ser lidas com atenção. De outra parte, um conjunto de idéias sobre o mesmo assunto pode ser encontrado no último capítulo de meu livro: Em campo aberto, São Paulo, Cortez, 1995.

[10] Esquecido de muitos hoje em dia, ou lido apenas em seu clássico Eu e tu, Martin Buber escreveu algumas idéias essenciais sobre o diálogo e a comunidade. Recomendo ao leitor, entre seus livros: Sobre a comunidade, São Paulo, Perspectiva, 1987.

Um outro pensar para um outro viver

texto e comentários do manifesto da transdisciplinaridade[1]

O que nos faz humanos é que nós interagimos conectivamente e cognitivamente com nós mesmos, com os outros de nossas vidas e com a vida de nosso mundo. E em cada um desses círculos conectivos e cognitivos de intercomunicação, ou entre dois ou três deles ao mesmo tempo, nós "intertrocamos" saberes e sentimentos, sensibilidades e significados, sensações e sociabilidades (nosso poder de construir nossos próprios mundos de vida). E, assim sendo, mutuamente nos ensinamos e aprendemos. Não somos humanos porque somos racionais. Somos racionais porque somos aprendizes. Não apenas aprendemos, mas estamos sempre reinventando nosso saber através de novas aprendizagens. Sobrevivemos porque nunca paramos de aprender.

O que torna fecunda a nossa aprendizagem é que precisamos de alguém que nos ensine para aprendermos. Esse "alguém" pode ser uma dimensão "ensinante" de nós mesmos; pode ser outro em uma relação face a face conosco; podem ser outros, plurais; pode ser a mensagem de alguém deixada de algum modo diante de nós numa página, em um rabisco de muro, em um artigo, uma fotografia, um livro inteiro, um cd-rom, um filme ou o que seja. Pode ser este parágrafo que você está lendo.

O que torna única a maneira pela qual aprendemos é o fato de que só aprendemos através de um *diálogo* com outra ou outras pessoas, presentes em um momento, ou não. Podemos ser adestrados, como um gato ou um cachorro. Mas podemos ir muito além disso. Podemos ser treinados, informados, capacitados para o exercício de alguma tarefa, instrumentalizados... e assim por diante. Mas por meio dessas ações de pequena pedagogia ou de situações mais humanas, mais complexas e mais densamente interativas, podemos ir além ainda. Essa é a diferença entre *ser instruído* e *educar-se*.

O que torna única a *experiência da educação,* que em suas formas múltiplas vivenciamos e podemos seguir vivenciando ao longo de toda a vida, é que mesmo quando há uma situação nítida de ensinar-e-aprender, em que alguém é claramente um mestre, professor, educador etc. e o outro é discípulo, aluno, educando etc., sempre a relação de aprender-ensinar-aprender é vivida de um modo ou de outro como uma troca. Como uma transação de saberes e como uma negociação de sentidos: um *diálogo*, enfim. Pode haver boa instrução quando um fala e dita e o outro escuta e anota. Mas só há *educação* quando de parte a parte fala-se e escuta-se, e trocam com palavras ou com outros gestos: sentimentos, pensamentos, idéias, crenças ou o que seja.

Assim, o que torna essencial o *diálogo* através do qual nos educamos quando aprendemos é o fato de que ele é uma estrada de dupla direção: é o caminho no qual quem ensina aprende ao ensinar e quem aprende ensina ao aprender.

O que torna social essa estrada de mão dupla chamada *ensino-aprendizagem* é o fato de que todo o conhecimento humano verdadeiramente significativo é o resultado frágil, mutável e crescentemente enriquecido e aperfeiçoável de um contínuo processo de inter-trocas de *saberes*. De saberes e de sentidos, de valores e de sensibilidades não apenas entre pessoas, tomadas em sua individualidade identitária, mas, também, entre grupos humanos, entre povos, entre culturas. Ali, onde o próprio conhecimento, em sua objetividade transitória, é modificado pelo ensino e aprendizado a cada vez que isso ocorre. Em que cada "outro", individual, coletivo, interativo, social, cultural é reconhecido como fonte original de saberes com a qual uma pessoa ou uma coletividade, pequena ou grande, aprendem e ensinam.

Assim sendo, podemos passar de uma visão mais essencialista do conhecimento humano para uma visão mais existencialista. Isso quer dizer o seguinte: o saber, em qualquer uma de suas formas, esferas e dimensões, não é uma essência de qualquer natureza. Ele apenas existe enquanto flui, enquanto de alguma maneira circula e é colocado em *círculos de diálogos*. Assim, podemos pensar que não existe o conhecimento-em-si-mesmo. Não existe o saber-fora-do-fluxo da troca de saberes entre pessoas. Só existe conhecimento verdadeiro no momento em que qualquer fração do saber, por pequenina que seja, é posta em interação. É dialogada entre "aprendentes-ensinantes" e "ensinantes-aprendentes".

Livres de uma visão essencialista e instrumental, que pensa o saber com a *lógica do mercado* e o constitui como um *bem que se tem*, que se possui, podemos pensar o saber com a *lógica da vida*, como um *dom que se troca*, que se partilha. Na mente de um sábio solitário que não dialoga o que sabe com ninguém, o seu saber não é apenas inútil, é inexistente. Escrito um livro e guardado sem leitores numa estante, ele equivale ao trabalho morto de Marx. Ele vale, como tal, como cultura morta ou, no limite, como cultura adormecida. Ele "retorna à vida" e é reacendido quando os olhos e a mente de quem o lê estabelecem com ele um *momento de diálogo*. As palavras e as idéias que nele adormecem despertam e retornam à *vida do saber* – ou a alguma esfera humana de saber vivo – quando, lido o livro solidariamente, à volta de suas palavras e idéias estabelece-se uma intercomunicação de saberes e de sentidos empapados de sentimentos e criadores de sentimentos. Ele revive quando flui outra vez e, antes de ser possuído por alguém, circula entre os seus criadores. Pois todo o ato de aprendizagem genuíno é um momento de "reacendimento" e de criação de um saber.

Isso nos leva ainda a uma outra conseqüência: a *unidade da aprendizagem* não é cada pessoa tomada individualmente. Ela é cada equipe, cada grupo-dialogante, no momento em que algum conhecimento é vivido como uma *experiência ativa de ensino-aprendizagem*. Quem aprende é a "*comunidade-aprendente*". Cada integrante "extrai" dela a partilha de sua porção pessoal de novo saber aprendido.

Se isso de algum modo é uma idéia confiável, então podemos pensar a própria vocação docente como um trabalho de criação de situações dialógicas propiciadoras (facilitadoras, criadoras, incentivadoras etc.) da vivência interativa, solidária e interpessoal e pessoal de aprendizagens. Aquilo a que damos nomes como: "sala de aula", "turma de alunos", "minha classe de História", é, na realidade, a unidade essencial da vivência pedagógica da experiência cultural chamada *aprendizagem*.

É do complexo, diferenciado e maravilhoso trabalho de cada *equipe-aprendente* – professor incluído – que se cria o clima propício à construção solidária de saberes e de incorporação pessoal de "meus saberes" dentro do próprio trabalho interativo-didático e em função da minha atitude como *criador-aprendente de novos conhecimentos*. Esse gesto recíproco, e nunca de mão única, faz coro com a idéia escrita por Martin Heiddeger. Cito-a de memória e a ouvi em um momento de conversa sobre o assunto: "Compreendemos quando fazemos parte do que é compreendido". Compreendemos algo que aprendemos quando partilhamos com uma comunidade de pessoas o saber e o sentido do que, juntos e entre as nossas diferenças, compreendemos. Toda a compreensão é solidária. Não há saber solitário.

Podemos agora repetir: uma pessoa não ensina um saber a uma outra pessoa. Isso acontece de maneira direta na relação quase mecânica da *instrução*. A pessoa interativa do educador coloca para outra pessoa ou, melhor ainda, para uma equipe ou comunidade aprendente com quem trabalha e partilha uma experiência de co-criação de saberes, um momento de conhecimento posto em e entre intercâmbios de sentidos e de sensibilidades. Aprender um saber significa o trabalho que essa pessoa ou essa equipe fará, de maneira crescentemente autônoma e reflexiva, com o conhecimento posto experimentalmente à sua disposição em um momento da participação do educador em um solidário *processo-aprendente*.

Quando a *equipe-aprendente* trabalha o saber e o reconstrói, produzindo o entendimento, fazendo perguntas, cometendo erros, reinventando sentidos, aperfeiçoando cada vez mais a compreensão a respeito do "objeto de estudo", é que se dá a aprendizagem. E, então, a própria idéia de *desenvolvimento proximal* poderia ser retrabalhada.

Ele seria o intervalo entre o que uma *equipe aprendente* já sabe e, estando aberta a saber mais e melhor, o que ela amplia solidariamente a partir do que sabe. O intervalo sempre móvel e aberto entre aquilo que ela já conhece de algum modo e o que lhe é desafiado solidariamente reconhecer. "Fazer aprender" uma aluna, ou toda uma "turma de alunos", é colocar nesse preciso intervalo uma proposta de *conhecimento dado* a ser transformado em *saber construído*, através de um trabalho solidário e, ao mesmo tempo, criativamente individual.

Nesse sentido, o *aprender* é uma atividade sempre solidária, dialógica, ativa e criativa. Aprender não é acumular conhecimentos. Aprender não é sequer adquirir novos conhecimentos. Aprender é integrar saberes interativa e pessoalmente construídos *na* e *com a* aprendizagem, em uma nova reordenação de todo o conhecimento antecedentemente construído e integrado ao todo da pessoa, bem para além das inteligências múltiplas.

Aprender *conhecimentos* é, também, ampliar *compreensões*. Ampliar *compreensões* é, também, alargar *sentimentos* capazes de integrar a diferença, a começar pela pessoa individual e coletiva de outros diferentes. Alargar tais *sentimentos* é tornar imagens e idéias a respeito de outras pessoas, outros grupos humanos, outros povos na direção de emoções genuínas de acolhida, de partilha da vida. De amor, enfim. E esse é o caminho da paz.

Mas existem na Terra ou nos espíritos humanos caminhos para a paz? Ou o pensamento atribuído a Mahatma Gandhi é uma verdade universal e irreversível? Ele disse ou teria dito:

"Não há caminho para a paz. A paz é o caminho."

Preâmbulo do manifesto da transdisciplinaridade

> Considerando que a proliferação atual das disciplinas acadêmicas e não-acadêmicas leva a um crescimento exponencial do saber, o que torna impossível qualquer visão global do ser humano.

Disciplinas, matérias acadêmicas, áreas específicas de competência do saber, setores especializados e ultra-especializados do conhecimento etc.

O modelo atual de criação de saber especializado gera uma expansão crescente de galhos e de ramos científicos e não-científicos que tendem à perda de contato com troncos unificadores. Troncos de conhecimento e de sensibilidade destinados a uma crescente compreensão plena e profunda dos mistérios da Vida e do Universo em todas as suas dimensões. E também troncos de saber e sensibilidade com as suas raízes originárias na vocação humana de criar sentido através do conhecimento.

O saber múltiplo, multifocal e pluriespecializado acumula conhecimento compartimentado e fragmenta o seu poder de gerar sabedoria. Há uma progressiva perda de três fundamentos essenciais para uma compreensão do mistério e do sentido do todo unificador em todos os planos da existência: a *integração* entre diferentes campos e domínios das diversas ciências; a *interação* entre tipos e vocações do saber, como os da ciência, da filosofia, da arte, da espiritualidade e da religião; a *indeterminação*, isto é, o sentido de que em todos os seus planos e dimensões o existente dado ao conhecimento não é plano, não é mecânico, não é mecanicamente previsível e não é redutível a fórmulas finais de explicação.

> Considerando que somente uma inteligência capaz de abarcar a dimensão planetária dos conflitos atuais poderá fazer frente à complexidade de nosso mundo e ao desafio contemporâneo de autodestruição material e espiritual de nossa espécie.

Só se preserva o que se ama. Só se ama o que se compreende. Só se compreende aquilo a respeito do que se possui uma forma coerente e confiável – mesmo quando provisória – de conhecimento. Ou o que se pode colocar como uma dimensão do mistério da Vida e do Universo a ser um dia compreendida. Mesmo que essa compreensão seja também sempre provisória e aberta a transformar-se, a se tornar mais diferenciada e mais complexa. Só se conhece de maneira verdadeira o que se reconhece como parte, eixo ou relação de teias da complexidade da própria existência e como um momento dos processos contínuos de transformação e de recriação de tudo o que existe no todo do que existe.

Somente uma nova compreensão ao mesmo tempo capaz de abarcar o absoluto da individualidade e da diferença e a criação contínua e diferenciada de totalidades poderá voltar-se à complexidade da Vida e do Mundo no presente momento, aqui e agora.

Somente uma tal compreensão integrada do mistério do sentido da experiência humana, dos vínculos vitais entre a espécie humana e toda a teia da Vida, das interações entre a Vida e o lar que a abriga, a Terra e, finalmente, entre nosso Planeta e toda a arquitetura do Cosmos poderá fazer frente ao desafio crescente da perda de qualidade vital em que nos vemos envolvidos a cada dia. E também da sempre presente ameaça de destruição das condições de existência da Vida Humana e de toda a cadeia da Vida na Terra.

> Considerando que a vida está fortemente ameaçada por uma tecnociência triunfante que obedece apenas à lógica assustadora da eficácia pela eficácia.

Nós, seres humanos, seres do mundo da cultura, somos a experiência de Vida no Planeta Terra que de maneira contínua e sempre inacabada está emergindo *da* e *na* natureza que nos é dada, em cujo seio vivemos e de que somos parte. Pois nela existimos a partir de nossos próprios corpos e com os próprios recursos da Natureza, vivemos o dilema de podermos acrescentar vida a vida e de fertilizar continuamente a Terra ou de destruí-la, como lugar-biosfera capaz de abrigar o milagre da Vida, destruindo a Vida e a nós próprios.

As ameaças de um término por mãos humanas da Vida na Terra-Una têm o seu princípio na ciência que criamos, e na tecnologia que aplica suas descobertas e se volta sobre a sociedade e a natureza regida, a cada dia mais, por valores de eficácia e de interesse. Temos nos voltado ao mundo natural com o propósito de submetê-lo e de tê-lo produtivamente sob o nosso controle. Isso é o oposto de nos voltarmos a ele como parceiros de uma comunhão fraterna com a Natureza. Isto é, conosco, com a Vida e com a Terra-Viva.

Lidamos com a tecnologia triunfante como se ela fosse um arsenal militar. Como se ainda existisse uma "natureza a conquistar". Os fundamentos da ação social sobre a natureza são os do poder e da manipulação. São, portanto, os da competição e da acumulação crescente e desproporcional aos parâmetros de nossa sobrevivência e nosso bem-estar. Lidamos com a natureza como um repertório de mercadorias disponíveis e inesgotáveis, esquecidos de que "o sumo bem é a própria vida" (Bertold Brecht).

> Considerando que a ruptura contemporânea entre um saber cada vez mais acumulativo e um ser interior cada vez mais empobrecido leva à ascensão de um novo obscurantismo, cujas conseqüências sobre o plano individual e social são incalculáveis.

A razão de ser do saber é criar elos de comunicação na corrente da vida em todos os seus planos e em todas as suas dimensões. É criar eixos fraternos de interações fecundas. É gerar de maneira contínua e crescente situações de diálogo entre nós, seres humanos, entre nós e todos os outros seres da Vida, assim como entre a Vida e o mistério da Terra e do Cosmos. Alargar sempre mais as fronteiras do diálogo, eis toda a nossa vocação humana.

É perigosa e potencialmente destrutiva para a Vida a associação de um saber mecânico e motivado por interesses de apropriação da natureza, com um aprendizado dirigido a formar pessoas produtivas de um ponto de vista de mercado e de tecnologia manipuladora, em detrimento de um conhecimento complexo e integrado. Um conhecimento generoso, tanto no campo das ciências quanto nos intervalos de fronteiras entre a ciência e outras formas de pensar, sentir e criar. Um tal conhecimento, transformado também na vocação de criarmos programas de ensino-aprendizagem originados em uma educação orientada a formar sujeitos interativamente éticos, reflexivamente complexos e politicamente responsáveis pelo destino de suas vidas, de suas sociedades e de seu Mundo. A produção crescente de conhecimentos destinados a tecnologias manipuladoras e a sua difusão através de uma educação reducionista e utilitária responde por um estreitamento do horizonte de imaginários e de sentidos das ações humanas.

Há, ao lado de um crescendo geométrico de saberes estanques e interessados em resultados de proveito de mercado, uma perda da vocação humana voltada ao imaginário criativo e à ação amorosa. Há um crescente aumento do poder de manipulação de pessoas, de povos e da natureza, ao lado de uma ameaça de desintegração dos eixos de relações complexas e harmoniosas de saber, de valor e de poder entre os seres humanos e entre eles e a Vida. Nós nos vemos mais do que nunca tentados a nos afirmar como "senhores do mundo", quando podemos nos reconhecer como "irmãos do universo".

> Considerando que o crescimento do saber, sem precedentes na História, aumenta a desigualdade entre aqueles que o possuem e aqueles que são desprovidos dele, engendrando assim desigualdades crescentes no seio dos povos e entre as nações do planeta.

Todos os povos da Terra possuem saberes bons e legítimos em suas culturas e como expressões das criações culturais de seus participantes. Mas há um saber que se universaliza e que tende a se apresentar como forma globalizada e quase única do "saber bom, belo e verdadeiro" entre todos os outros. Ele é o saber múltiplo e diferenciado, mas não ainda complexo, resultante das criações das ciências e das tecnologias do pensamento ocidental – e inclusive do Japão.

Esse fato tem gerado um distanciamento geométrico entre uma forma padrão de saber e todas as outras. E tem originado, por causa dos efeitos lógicos práticos e políticos de suas aplicações, um afastamento muito grande entre povos que o detém e povos que não o detém. Entre pessoas que se apropriam de parcelas dele e pessoas a quem não são dadas tais oportunidades.

Em vez de representar uma grande universalização planetária do conhecimento, através de sua difusão generosa e de sua aberta partilha entre povos e pessoas, a acumulação desigual do conhecimento legítimo, saído principalmente das universidades ocidentais e de centros equivalentes de pesquisa científica, provoca uma desigualdade equivalente às desigualdades não-harmoniosas dos bens materiais – capital incluído – e dos poderes sobre a gestão do presente e do futuro de pessoas e de povos do Planeta.

A desigualdade crescente do poder de criar, acumular, difundir e utilizar o saber torna o conhecimento humano desigual uma outra forma desnecessária e perversa de poder. Nunca o saber representou tanto poder. E nunca o saber esteve tão ameaçado de tornar-se uma propriedade, quando deveria ser sempre uma partilha.

> Considerando simultaneamente que todos os desafios enunciados têm a sua contrapartida de esperança e que o crescimento extraordinário do saber pode levar, a longo prazo, a uma mutação comparável à passagem dos hominídeos à espécie humana.

Algumas vezes, na trajetória da vida da humanidade, passos em quantidade podem se transformar em saltos de qualidade.

Já vivemos isso antes e podemos estar na aurora de algo semelhante. Esse "salto" poderia estar no que representaria toda a acumulação diferenciada de saber, assim como as possibilidades crescentes de criação de novas compreensões de tudo, pela interação de diferentes conhecimentos científicos, e na integração entre eles e outros tipos e modos de saberes e de sensibilidades provenientes das artes, das ciências, das espiritualidades, das religiões, ao lado de uma partilha generosa e verdadeira dos saberes e de toda a gama múltipla de suas aplicações. Aplicações não mais dirigidas a uma "conquista" utilitária da natureza, mas a uma comunicação fraterna com ela e entre nós: pessoas, grupos sociais, nações e povos da Terra.

O que soubermos fazer ética e amorosamente com o saber determinará em boa medida aquilo que aprenderemos a fazer em nome de nosso destino na Terra, em nome do destino da Vida na Terra e em nome da Terra-Viva.

A esperança está em tudo. A esperança deve estar em tudo!

Todos os desafios de destruição, de desigualdade, de exclusão e de desarmonia têm, como contrapartida nossa: a esperança. A esperança da reconstrução, da igualdade partilhada, da inclusão de todos na felicidade, da re-harmonia entre as pessoas, entre os povos e entre nós, seres humanos e a vida.

Não fomos consagrados ao mal. Não precisamos destruir para sobreviver, pois o que destruirmos do Mundo Natural de que somos parte nos destruirá também.

Não estamos devotados à destruição. Somos seres da espera e da esperança. A esperança está sempre adiante, no horizonte dos passos a caminhar, e está no absoluto presente de cada momento. Somos seres destinados a retornar a um sentido pleno de vida abundante, de vida fraterna, de vida plena em todos os planos da Vida. A esperança é o nosso lugar de partida. Ela é a realização completa dos nossos sonhos possíveis agora, e agora ainda provisoriamente inalcançáveis, mas nunca impossível de virem a ser um real construído por mãos, mentes e corações humanos. A esperança é o ponto de chegada e é o reinício do caminhar, mesmo depois de termos chegado.

> Considerando o que precede, os participantes do Primeiro Congresso Mundial de Transdisciplinaridade (Convento de Arrábida, 2 a 7 de novembro de 1994) adotam a presente *Carta*, como um conjunto de princípios fundamentais da comunidade de espíritos transdisciplinares, constituindo um contrato moral que todo signatário desta carta faz consigo mesmo, sem qualquer pressão jurídica e institucional.

Artigo primeiro

> Qualquer tentativa de reduzir o ser humano a uma mera definição e de dissolvê-lo em estruturas formais, sejam elas quais forem, é incompatível com a visão transdisciplinar.

O ser humano é uma obra aberta. Ele pode estar sempre se recriando. Ele deve estar sempre se recriando. Ele está sempre se recriando.

O ser humano é o autor ou co-autor essencial da obra de si mesmo.

O ser humano é sempre inacabado e aperfeiçoável, ele depende de si mesmo para tornar-se sempre mais aperfeiçoado.

O ser humano é uma vocação ao diálogo. Pois é no encontro, é na comunicação, é na interação solidária consigo mesmo e com os seus outros – outros seres humanos e outros seres da Vida –, é no diálogo com o seu Mundo e com os seus mistérios, que ele realiza a si mesmo, realizando-se com o Outro e no Outro.

O homem não se reduz a fórmulas, não se reduz a definições acabadas, não se encerra na proposta de uma maneira única e formal de ser.

O ser humano é criador de sentidos e significados para um pensamento e para uma existência transdisciplinar. Qualquer teoria, ou qualquer ação social que negue isso, nega a sua própria vocação.

Artigo segundo

> O reconhecimento da existência de diferentes níveis da Realidade, regidos por lógicas diferentes, é inerente à atitude transdisciplinar. Qualquer tentativa de reduzir a realidade a um único nível, regido por uma única lógica, não se situa no campo da transdisciplinaridade.

Em qualquer direção o caminho único representa múltiplos caminhos. Pois não há um único caminho e não há caminhos únicos.

Eles são sempre vários, podem ser múltiplos e muito diversos, e sempre há caminhos novos a descobrir.

O conhecimento do desconhecido e o reconhecimento do já conhecido nunca cabem em uma teoria única, em uma única lógica, em uma única vocação do saber.

A Realidade, em qualquer um dos seus planos de existência e de comunicação, é múltipla, é complexa e é diferenciada. Existe em vários planos, em diferentes esferas e entre diferentes situações.

Cada uma de suas unidades de realização – a pessoa humana entre elas –, assim como cada um de seus planos, esferas e situações está sempre aberto a integrações, a interações e a indeterminações.

Tudo o que existe de algum modo, em alguma dimensão de algum tempo em algum lugar – ou de um tempo-lugar – tende a interagir em plano interno e externo. Tende a se comunicar e a criar e recriar velhas e novas formas do existir. Existir é estar sempre criando e sempre se criando.

E os caminhos para tanto são mais os da descoberta e da invenção do que os do cumprimento formal de leis fixas e predeterminadas.

Tudo o que é e existe pode realizar-se adiante de outro modo. Cada passo na escala de qualquer experiência da existência sugere, mas não determina, os seguintes. Cada escolha de uma direção apenas aponta para um entre outros rumos e caminhos.

"Caminhante, não há caminho. Se faz caminho ao andar."

Artigo terceiro

> A transdisciplinaridade é complementar à abordagem disciplinar: faz emergir do confronto das disciplinas dados novos que as articulam entre si; oferece-nos uma nova visão da natureza e da realidade. A transdisciplinaridade não procura o domínio de várias disciplinas, mas a abertura de todas elas àquilo que as atravessa e as ultrapassa.

O particular deve partilhar o todo, deve compartir integrações, interações e indeterminações na busca da compreensão inacabável de sentidos. Tudo é inacabável e infindo. O particular deve partilhar o Todo diferenciado de tudo e não parcelar todas as coisas até esquecer a memória do Todo de tudo de onde proveio. Deve ser um desafio ao encontro de sentidos e de significados entre os diferentes campos e planos do saber e do sentir. Pois assim como as "coisas" existem no real, existem no outro plano do real que é a mente que o contempla e pensa. Pois de igual maneira tudo o que existe e se oferta ao conhecimento humano existe em planos e em campos crescentes, interconectados e inacabáveis de existência.

O espírito transdisciplinar completa e integra o espírito disciplinar.

Não o destrói e nem concorre com ele. Não se interpõe ao interior de cada campo disciplinar. Ele se coloca entre as, e além das, disciplinas e busca, através de interações entre elas e integrações para além delas, atingir o lugar de partida de onde, e de maneira irreversível, elas se atravessam e se ultrapassam.

Artigo quarto

> O ponto de sustentação da transdisciplinaridade reside na unificação semântica e operativa das acepções através e além das disciplinas. Ela pressupõe uma racionalidade aberta, mediante um novo olhar sobre a relatividade das noções de "definição" e de "objetividade". O formalismo excessivo, a rigidez das definições e o exagero de objetividade, incluindo a exclusão do sujeito, levam ao empobrecimento.

O projeto transdisciplinar não almeja criar uma metaciência ou um megasaber.

Não se trata de proporções e de quantidades. Trata-se de relações e de qualidades. Trata-se de aprender a ver o todo do móvel de imagens e de idéias que pensam o real, antes, através e depois de ver o que está em cada uma de suas gavetas.

Todas as faces do que é real se interligam. Aprendemos isso cada vez mais. Assim, também, todos os olhares das faces humanas da imaginação e do pensamento deveriam, através e para além do "ver de cada olho", abrir-se ao desvendamento de novos cenários ou dos mesmo cenários percebidos cada vez mais através e além de novos olhares.

As próprias categorias mais essenciais das ciências e da ciência deveriam ser revisitadas. Não para serem superadas e colocadas de lado, mas para servirem à criação, juntos, de um campo de novos conceitos, de novas definições, de novas interconexões. Novas interações entre o vivido e o pensado, entre o pensado e o real, que recoloquem em seus lugares os próprios sujeitos humanos dos processos criativos de construção partilhada de conhecimentos.

Artigo quinto

> A visão transdisciplinar é resolutamente aberta na medida em que ela ultrapassa o campo das ciências exatas devido ao seu diálogo e sua reconciliação, não somente com as ciências humanas, mas também com a arte, a literatura, a poesia e a experiência espiritual.

Tudo o que construímos como saber humano e como conhecimentos específicos desse saber é ainda uma pequenina parte do que sempre inevitavelmente restará a saber. Quanto mais certezas alcançamos e possuímos, mais elas nos abrem ao incerto, ao incomensurável do desconhecido. Quanto mais conhecido, tanto mais teremos consciência das dimensões inevitáveis e sempre abertas do desconhecido. Pois o desconhecido não é o nosso limite, porta fechada ao saber humano. É o caminho sempre adiante, porta aberta à mente reflexiva.

Quanto mais leis científicas, tanto mais a descoberta de uma múltipla, complexa e polissêmica realidade indeterminada, em planos que vão de nossas próprias mentes até a arquitetura do Universo.

Todo o saber de um mesmo campo do conhecimento científico encontra os próprios limites ao fechar-se e ao estabelecer-se como um campo especializado e quase sempre fechado e isolado do saber e da experiência do mundo.

A vocação transdisciplinar pede ao imaginário e à inteligência, abertos a perguntas sobre Nós, humanos, sobre a Vida, sobre a Terra e sobre o Universo, três movimentos já sugeridos anteriormente. A integração generosa e corajosa entre áreas, campos e especialidades científicas, principalmente na contínua quebra de marcos de fronteira entre as "ciências exatas", as "ciências biológicas" e as "ciências humanas". A crescente intercomunicação, sem um eixo de poder central, e, portanto, interativamente criativa e mutuamente fecundante entre a ciência e suas ciências e a arte e suas artes. Entre ambas e as múltiplas experiências ancestrais e recentes da espiritualidade e de outros campos e planos da imaginação humana, no qual o lugar da filosofia deverá voltar a ser muito importante. Finalmente, um "espírito quântico", aberto à indeterminação. Aberto a uma correspondência epistemológica com a evidência da própria ontologia do real.

Um olhar humilde e corajoso, devotado à consciência de que pessoas, culturas, sociedades, planos e seres da vida, dimensões da matéria e realizações micro ou macro da energia do Universo não são máquinas e não se correspondem como em uma linha de montagem de grande escala. Não existem como relógios mecânicos, não interagem e não se integram em totalidades físicas, sob leis definitivas. Assim sendo, em cada unidade de Ser e nas suas relações, não se abrem a uma compreensão reducionista.

Talvez a Vida imagine. Certamente a Vida imagina. Devemos imaginar também. Talvez a Terra sinta. Devemos sentir também. Talvez o Universo sonhe. Devemos aprender a sonhar também. E querer aprender já é o começo de um sonho.

Artigo sexto

> Com relação à interdisciplinaridade e à multidisciplinaridade, a transdisciplinaridade é multidirecional. Levando em conta os conceitos de tempo e de história, a transdisciplinaridade não exclui a existência de um horizonte trans-histórico.

Pois são os nossos próprios conceitos de "tempo", de "espaço", de "história" e até mesmo de "horizonte" que estão aí, abertos a novas interpretações e a novas interconexões.

Até aqui matematizamos nosso imaginário científico, e mesmo do senso comum, para pensarmos essas categorias e outras que a elas estão sempre ligadas. Seria preciso devolvê-las a uma dimensão "trans". A um lugar no pensamento e no imaginário que não se limita nem entre os números e nem entre as fórmulas.

Se todas as coisas que existem no real vivem na complexidade as suas dimensões da realidade e podem ser sensibilizadas e pensadas por nós através de novas e ousadas interações – inclusive e essencialmente as provenientes do espírito e da inteligência – então tudo o que há, a partir de nossas próprias experiências individuais e partilhadas de Vida e de Vida Consciente, pode ser vivido e pensado através de um olhar e de uma compreensão "trans" de cada ser e de totalizações diferenciadas de seres da sociedade, da vida e do mundo.

Um horizonte trans-histórico é um horizonte de uma história cósmica. Ele pode ser compreendido como situado fora e muito além das reduções com que temos procurado compreender todas as coisas, todas as fronteiras entre elas e todos os horizontes para além delas.

Artigo sétimo

> A transdisciplinaridade não constitui uma nova religião, nem uma nova filosofia, nem uma nova metafísica, nem uma ciência das ciências.

Porque a vocação transdisciplinar não é uma coisa e não é um outro campo específico de realização da aventura do saber humano. Não é, portanto, uma "área", uma nova "ciência" ou uma disciplina.

Ela é um *modo de.*

Ela se propõe a ser uma reeducação pessoal e partilhada do olhar, da sensibilidade, da imaginação e da inteligência, em todos os seus múltiplos planos fecundantes de realização.

Ela é uma outra maneira de ousar pensar e aventurar-se a criar conhecimentos.

Ela começa por propor um enlace entre as dimensões múltiplas da experiência humana no próprio compromisso do olhar do saber: sensibilidade, afeto, desejo, amorosidade, confiança nos sentidos, redescoberta do corpo, imaginação criadora, inteligência múltipla.

Ela não se propõe a ser uma outra ciência "trans", ou uma síntese de sínteses. Assim sendo, não é um lugar definido entre outros e nem uma proposta acabada de coisa alguma. Ela é, ao mesmo tempo, uma sugestão inovadora de caminhos, um primeiro passo que só aprenderemos a dar se o dermos todos juntos. E ela se apresentará, então, como um horizonte. Um horizonte sempre móvel e mutante, provavelmente inatingível. Mas um horizonte verdadeiro que promete ser a indicação de um rumo que vale a pena seguir.

Artigo oitavo

> A dignidade do ser humano é também de ordem cósmica e planetária. O surgimento do ser humano na Terra é uma das etapas da história do Universo. O reconhecimento da Terra como pátria é um dos imperativos da transdisciplinaridade. Todo ser humano tem direito a uma nacionalidade, mas, como habitante da Terra, é ao mesmo tempo um ser transnacional. O reconhecimento pelo direito internacional de um pertencer duplo – a uma nação e à Terra – constitui uma das metas da pesquisa transdisciplinar.

Somos filhos do vento, da terra, da água, das energias que tudo criam, movem e transformam.

Somos seres de uma família, de um clã, de uma cidade, de uma nação, de um povo e de uma pátria. Mas as diferentes dimensões sociais que nos dão identidades e nos situam no Mundo e na Era em que vivemos são circuitos parcelares de nossa verdadeira vocação. E nela somos nativos e habitantes de uma mesma nave-casa: a Terra. Ela é o nosso berço verdadeiro e é o nosso lar. Abrigou o nosso nascimento e acolherá a nossa morte. Ela é o lugar no Universo que nos torna seres de todo o Cosmos.

A vocação transdisciplinar nos deve lembrar isso o tempo todo. Vista a partir dessa vocação, as fronteiras políticas entre os países desaparecem e surgem as demarcações naturais abertas à irmandade entre os povos e aos relacionamentos fraternos entre nós e todos os seres da Vida.

Vista a partir dessa vocação, toda a Terra é um mesmo lar, toda a Vida é a mesma história e nós nos vemos como irmãos do universo, muito mais do que como donos do mundo. Do alto dessa imagem, como a Terra vista da Lua, não há cerca e nem fronteiras políticas separando pessoas e povos.

Artigo nono

> A transdisciplinaridade conduz a uma atitude aberta com respeito aos mitos, às religiões e àqueles que os respeitam em um espírito transdisciplinar.

Todo o saber é uma construção do espírito humano, venha ele de uma universidade do Primeiro Mundo, venha ele da aldeia de uma Tribo da Amazônia ou da Austrália.

Todo o conhecimento funda um sistema de compreensão de alguma dimensão da realidade. Toda a construção de símbolos e de significados cria um modo de sentir, de pensar e de compreender.

Tudo o que pensa a experiência humana, da Vida e do Mundo cria uma forma de competência e de criatividade, como uma realização do trabalho da mente humana. Nesse sentido, não há certezas na minha ciência e erros nas dos outros. Não há coerência na metafísica européia e loucura nos mitos tapirapés.

O que há são escolhas. São opções de viver e de pensar, através da vida vivida, o sentido desta vida e os significados de suas relações com outros planos da realidade.

Está na hora de nos darmos conta de que aprendemos e de que construímos conhecimento essencial a respeito do bem, do belo e do verdadeiro – e, mais do que tudo, de suas interconexões – com os nossos sonhos e com as nossas ciências, com os devaneios e com os conceitos (Gaston Bachelard), com o mito e a matemática, com a física e a filosofia, com a filosofia e a religião.

Assim como entre uma ciência e uma religião não existem desigualdades de saber, mas diferenças de vocações na criação de compreensões, assim também entre a "minha religião" e as "dos outros" não existem quantidades desiguais de verdades, mas qualidades diferentes de viver a experiência de crer em uma verdade e de praticar uma crença.

Artigo décimo

> Não existe lugar cultural privilegiado de onde se possam julgar as outras culturas. O movimento transdisciplinar é em si transcultural.

A cultura humana observa a mesma relação da Vida e do Universo. Tudo o que forma um todo não dissolve a identidade das partes que, interativa, interior e inteiramente o compõem.

Não existe um eixo central em qualquer plano da existência de onde os outros partam e ao qual estejam subordinados por qualquer tipo de hierarquia. Tudo são existências, são planos diferenciais, mas não desiguais da existência. São dimensões do existir em contínua interação e em uma inacabável recriação de totalidades integradas, não por coisas que coexistem, mas por feixes e por redes de movimentos de diálogo e intercomunicação.

De igual maneira, as culturas humanas são diferenciadas, mas não desiguais. São diferentes habitantes de um mesmo amplo círculo humano de criação passada e presente de modos de vida e de modos peculiares de sentir e de pensar a experiência da vida humana, logo, cultural.

Não há entre as culturas dos diferentes povos que compartem a Terra e a Humanidade uma hierarquia de realização. Uma escala-escada que iria da mais "primitiva" à mais "civilizada", da mais "rústica" à mais elaborada", da mais "popular" à mais "erudita" e, em linha direta, da mais "coerente, racional, científica e confiável" à mais "incoerente, irracional (mítica), a-científica e não-confiável".

Não existe tampouco qualquer tipo de sucessão civilizatória no tempo, como uma trajetória de elaboração cultural que fosse do "selvagem" ao "civilizado", passando pelo "bárbaro".

Se existe alguma evolução entre os seres vivos e entre as sociedades humanas, ela pode ser representada como vários rios, de vários tamanhos, volumes de água, ritmo e percurso, que por caminhos diferentes em uma mesma direção chegam em momentos diversos a locais diferentes de um mesmo grande mar, mais do representada como diversos afluentes que desembocam em rios que deságuam em um grande rio central que deságua no mesmo mar. Não existe o "grande rio" como o lugar do "branco", do "ocidental" e do "civilizado". Só existe um grande rio se ele for toda a diferenciada humanidade.

Toda a cultura humana só é compreensível de dentro para fora. Ela só é traduzível a partir e através de sua própria lógica. Ela é o parâmetro único ou preferencial de sua realização.

As culturas mantêm entre elas qualidades comparáveis por meio do valor único existente como o patrimônio de cada uma. As culturas não mantêm entre elas quantidades de realização que facult qualquer tipo de escala de posições por uma variação de desigualdades de realização. Por algo em que o próprio modelo da "realização cultural" está situado fora de cada cultura humana e está colocado nos critérios e nos valores de uma única ou de um pequeno número de culturas – em geral "brancas" , "ocidentais" e de "Primeiro Mundo" – tidas como legítimas e hegemônicas. Logo, como modelos para as outras.

Artigo décimo primeiro

> Uma educação autêntica não pode privilegiar a abstração do conhecimento. Ela deve ensinar a contextualizar, concretizar e globalizar. A educação transdisciplinar reavalia o papel da intuição, da imaginação, da sensibilidade e do corpo na transmissão dos conhecimentos.

Todo aquele que ensina aprende com quem aprende.

Todo aquele que aprende ensina ao que ensina.

Toda a educação é uma vocação do diálogo.

O diálogo de cada pessoa com todas as instâncias de seu próprio eu, no corpo, na mente e no espírito.

O diálogo com o outro, com os seus outros, com os que ensinam, com os que aprendem. O diálogo concreto e vivenciado com a Vida de seu mundo cultural e com a natureza de seus ambientes de vida.

Saber é algo que transforma quem aprende a cada instante do gesto de aprender. Saber nunca é o resultado de uma acumulação de conhecimentos e de habilidades transmitidos por um outro, fora de um diálogo.

Saber é criar conhecimentos e é aprender a participar de situações e de processos ativos de criação do saber.

Aprendemos o tempo todo com o todo de nós mesmos, e é o todo da pessoa que somos quem se transforma a cada momento significativo do ato de aprender.

Uma educação transdisciplinar deve estar atenta a realizar-se como uma permanente oficina de experiências interativas de criação partilhada de saberes. Uma oficina de criação, de reflexão e de atividades postas em diálogo. Num diálogo em que o valor dos sentimentos, das intuições e da inteireza interativa de cada pessoa e de cada grupo da "comunidade aprendente" deve ser substantivamente levado em conta.

Artigo décimo segundo

> A elaboração de uma economia transdisciplinar é fundada sobre o postulado de que a economia deve estar a serviço do homem e não o inverso.

Aqui cabe lembrar a sustentabilidade.

Essa palavra deve ser uma das chaves de todo o processo econômico das relações pessoa-natureza, sociedade-ambiente.

Ela não tem apenas um sentido de "economia econômica". Ao contrário, sugere e indica toda uma nova atitude relacional. Criar atividades econômicas dentro de uma ética de solidariedade absoluta entre pessoas e entre povos. Criar economias de comunhão fraterna para com a natureza e não de manipulação regida pelo interesse mercantil.

Em oposição a uma globalização da economia predatória e manipuladora de bens, serviços, pessoas e recursos naturais, pensemos em uma planetarização dos espíritos e das ações entre nós, seres humanos, e entre nós e a vida.

Em lugar da lógica da competição, o espírito da cooperação.

Artigo décimo terceiro

> A ética transdisciplinar recusa toda atitude que se negue ao diálogo e à discussão, seja qual for a sua origem – de ordem ideológica, científica, religiosa, econômica, política ou filosófica. O saber compartilhado deverá levar a uma compreensão compartilhada, baseada no respeito absoluto das diferenças entre os seres, unidos pela vida comum sobre uma mesma e única Terra.

Uma tarefa urgente que nos envolve a todos: participar do esforço para que as desigualdades quanto à distribuição social e universal do poder, do capital, dos bens de uso e de troca, dos serviços e dos saberes seja reduzida a proporções cada vez menores. Seja assim reduzida e levada à progressiva extinção, em direção a uma igualdade de direitos de todas as pessoas, todos grupos humanos e todos os povos ao acesso a uma vida plena, fraterna e feliz.

Outra tarefa: em um mundo justo, igualitário, sustentável, solidário e harmonioso, deixar que aflorem, se afirmem, dialoguem e se multipliquem as várias diferenças individuais, étnicas, culturais e de outros modos de ser e de escolhas de vida e de sentido da vida.

Uma ética transdisciplinar deve ser mais do que um repertório de atitudes em respeito ao tipo de mundo e de estilo de economia e sociedade em que desigualmente vivemos o presente momento e o horizonte próximo do futuro. Ela deve ir além. Tal como no processo de busca solidária e interativa do saber, ela deve resolver-se por uma partilha participante e responsável na tarefa comum de pensar criticamente o mundo em que vivemos e as possibilidades reais de sua transformação efetiva.

Somos livres e responsáveis não quando obedecemos às leis que outros fazem e aplicam, com justiça e eqüidade sobre nós, quem quer que sejamos. Somos livres e responsáveis quando assumimos a tarefa social e solidária de partilhar o trabalho de criação de nossas próprias leis, de nossas próprias idéias, de nossos próprios mundos.

Compreendemos algo quando fazemos parte da dimensão do que está sendo compreendido. Assim, faço parte de um Mundo de cuja criação eu me sinto participante e não beneficiário.

Todo o diálogo é uma aventura de transformação.

Artigo décimo quarto

> Rigor, abertura e tolerância são características fundamentais da atitude e da visão transdisciplinar. O rigor na apresentação, que leva em conta todos os dados, é a melhor barreira às possíveis distorções. A abertura comporta a aceitação do desconhecido, do inesperado, do imprevisível. A tolerância é o reconhecimento do direito às idéias e verdades contrárias às nossas.

A vocação transdisciplinar não pretende abolir os preceitos de rigor e cientificidade na prática social de criação do saber competente. Ao contrário, ela se obriga a recriar novas pautas, mais precisas ainda, e mais interativas e dialógicas do próprio sentido do rigor.

Saibamos sonhar, saibamos imaginar, saibamos bailar conceitos e poetizar equações.

Mas que isso não seja nunca uma fuga. Uma fuga à aventura de um pensar sério e fecundo. Uma fuga diante da aventura de um pensar ousado e capaz de quebrar a todo o momento as barreiras postas à frente. Postas ali pelo próprio caminhar do saber humano. Ou postas ali contra ele, para que ele retorne a ser o que não deveria voltar a ser nunca mais.

Artigo final

A presente Carta da Transdisciplinaridade foi adotada pelos participantes do Primeiro Congresso Mundial de Transdisciplinaridade e não reivindica nenhuma outra autoridade além de sua obra e sua atividade.

Segundo os processos a serem definidos de acordo com os espíritos transdisciplinares de todos os países, esta Carta permanecerá aberta à assinatura de qualquer ser humano interessado em promover nacional, internacional ou transnacionalmente as medidas progressivas para a aplicação de seus artigos na vida cotidiana.

Convento de Arrábida, 6 de novembro de 1994
Comitê de Redação:
Lima de Freitas, Edgar Morin, Basarab Nicolescu

Trinta raios rodeiam um eixo,
mas é onde os raios não raiam
que a roda roda.
Vaza-se a vaza e se faz o vaso,
mas é o vazio que perfaz a vasilha.
Casam-se as paredes e se encaixam portas,
mas é onde não há nada que se está em casa.
Falam-se palavras e se apalavram falas,
mas é no silêncio que mora a linguagem.
O ser faz a utilidade,
mas é o não-ser que perfaz o sentido.

Tao-te King, de Lao Tsé

Notas

1 Esse congresso foi realizado no Convento da Arrábida, em Portugal, entre 2 e 7 de novembro de 1994. Assinam a Carta de Transdisciplinaridade: Lima de Freitas, Edgar Morin e Basarab Nicolescu.

A mente e o coração, a confiança e o diálogo[1]

por uma ética da partilha do sentido e do afeto na educação

É preciso ousar, no pleno sentido desta palavra, para falar em amor, sem temer ser chamado de piegas, de meloso, de a-científico, senão de anticientífico. É preciso ousar para dizer cientificamente que estudamos, aprendemos, ensinamos, conhecemos com o nosso corpo inteiro. Com sentimentos, com as emoções, com os desejos, com os medos, com as dúvidas, com a paixão e também com a razão crítica. Jamais com esta apenas. É preciso ousar para jamais dicotomizar o cognitivo do emocional.

Paulo Freire[2]

A lembrança de outros

O que afinal viemos fazer aqui neste lugar, alguns vindos de tão longe? Estamos reunidos aqui nesta cidade que viu nascer e crescer o menino pernambucano que foi depois o educador, Paulo Freire, não tanto para pensarmos o que ele pensou e ficarmos às voltas com as idéias que ele escreveu. Paulo Freire está aqui entre nós. E agora, bem mais do que antes, esse apaixonado pelo diálogo entre as pessoas fala entre nós e fala através de nós. Estamos reunidos aqui no Recife para levarmos adiante as idéias que Paulo Freire e companheiros e companheiras de sua geração não tiveram tempo de pensar e deixar escrito. Somos herdeiros tanto de suas palavras quanto dos seus sábios silêncios.

Por isso mesmo, bem de propósito, eu quis trazer aqui a epígrafe de uma passagem em que Paulo Freire escreve a palavra *amor*. Ele escreve essa palavra e fala que é preciso coragem e ousadia para pronunciá-la, como um educador e entre educadores.

Pois é também com o sentimento com que o amor invade o coração humano que eu quero recordar algumas imagens e algumas idéias a respeito do que essa palavra e as suas familiares e vizinhas podem sugerir a quem trabalha com outras pessoas, através do ofício do *saber nas* diferentes situações em que alguma experiência do diálogo inaugura um momento de ensinar-aprender.

Quando escrevi o último pequeno trabalho em diálogo com Paulo, comecei com algumas memórias de vivências partilhadas. Não vou recordá-las aqui e remeto a esse texto quem queira dividi-las comigo.[3] Mas quero trazer a lembrança desse artigo por uma razão simples. É que ao percorrer com Paulo Freire o esboço de um "decálogo" do que poderiam ser os preceitos de vida e de trabalho do professor-reflexivo, rememoro através dele uma vocação por tanto tempo esquecida na penumbra em nossas falas e até mesmo em alguns gestos nossos como educadores: a dimensão una e múltipla do afeto, do sentimento e da emoção. A experiência da partilha do encontro na interação humana através de duas emoções que quero relembrar aqui: a *confiança no outro* e o *amor pelo outro.*

Vejamos. Bem sabemos que a atenção constante a uma leitura atenta e crítica do Mundo e do Tempo presente foi e segue sendo um dos destinos essenciais de uma educação destinada à emancipação de pessoas e de povos. A compreensão da realidade da vida tal como ela é de fato foi e segue sendo um dos fundamentos da ação pessoal e também coletiva, com um confiável teor político igualmente emancipatório. Mas não devemos cometer o engano de imaginar que uma crítica sem o afeto e que uma política vazia de amor conduzem por si mesmas a idéias e ações humanas voltadas a um horizonte de construção solidária de um "outro mundo possível", de realização da justiça, da liberdade e da solidariedade entre todas as pessoas e povos da Terra.

O medo e a confiança, o temor e o amor

Certa vez participei, em Brasília, dos Diálogos por um Brasil Sustentável. Eles reuniram na cidade, por quatro dias, uma breve e fecunda equipe de pesquisadores brasileiros e estrangeiros. Ora, em um dos momentos de intervalo, participava de uma roda de conversa em volta do café, suco de laranja e pão de queijo. Estava presente um professor brasileiro de uma universidade norte-americana. Ele era mesmo uma curiosa pessoa. Pois, ao se apresentar entre sorrisos e dizer quem era, antes de qualquer título acadêmico o professor Clovis disse que era "filho de branco mato-grossense com índia bororo". Quando alguém de nossa roda comentou que estava impressionado com a maneira vertiginosa como a sociedade norte-americana parecia cada vez mais e mais regida por uma vocação para a violência, ele corrigiu a impressão afirmando que o fundamento crescente das interações ali não era a violência, mas o medo. Quando no momento seguinte eu perguntei a ele os motivos de seu breve retorno ao Brasil, depois de quinze anos nos Estados Unidos da América do Norte, ele voltou ao tema. Disse que estava difícil suportar uma vida cotidiana em que o alicerce das relações vividas e imaginadas entre as pessoas era o temor, o medo e o terror. A violência cotidiana e a violência oficialmente exercida sobre outros povos era, na sua opinião, apenas uma realização prepotente e desesperada de um múltiplo e crescente sentimento de temor diante do outro: a outra pessoa, a outra classe social, a outra etnia, o outro povo, a outra nação, o outro mundo.

Lembrei-me então – e disse-lhe – de um documentário inspirado em um pequeno livro de Peter Russel: *O buraco branco do tempo*. O filme e o livro insistem em um mesmo ponto. Toda a relação dominadora, possessiva e violenta contra pessoas, povos e a natureza está fundada em um sentimento dominante de medo frente ao outro. Somos violentos quando tememos a violência contra nós. Matamos quando temos medo de morrer pelas mãos de quem assassinamos. Avançamos sobre os bens de outros e os dons da Terra quando nos apavora a idéia de virmos a não ter o que eles e nós necessitamos para seguir vivendo, da água ao petróleo. Acumulamos porque tememos perder e não suportar a falta. Fugimos ao diálogo e falamos demais para não ouvir o outro, quando nos assustamos antecipadamente com o suposto poder de suas idéias sobre nós. Todo fanático é alguém a quem a diferença apavora. Todo o fundamentalista é alguém empenhado em converter os outros devido ao pavor de perder a sua própria fé. Na verdade, a crença mal resolvida que ele crê ser uma fé genuína. Alguns anos antes de Paulo Freire, Mahatma Gandhi lembrava que somente o covarde é violento e que é preciso bastante coragem para ser praticante ativo da não-violência. O ódio é uma forma extrema do pavor da perda. Em direção oposta, o amor é o sentimento em que a ausência de todo (ou quase todo) o medo nos desafia a uma plena abertura ao outro – ao igual, ao diferente, ao divergente – em nossas vidas e em nosso destino.

Este seria o momento de lembrar uma idéia que partilhamos a todo o momento, na vida de todos os dias, sem precisar refletir sobre ela. Trago aqui um momento de idéias de um sociólogo inglês, Anthony Giddens. Ao escrever sobre os dilemas da identidade na modernidade, Giddens lembra que a vida cotidiana só é possível, suportável e até mesmo gratificante e agradável porque vivemos entrelaçados em redes de interações com os outros. Outras pessoas que são nossos amigos íntimos, colegas de trabalho, conhecidos, reconhecíveis, semidesconhecidos, desconhecidos e até desconfiáveis. O estranho e, ao mesmo tempo tão familiar, é que vivenciamos feixes de nosso cotidiano e do fio da história de vida de cada um de nós através de interações fundadas, mais do que tudo, no sentimento da confiança. Essa idéia é tão central em seu pensamento, que Anthony Giddens a transforma em um conceito sociológico. Uma categoria que ele define desta maneira, no "glossário de conceitos" ao final do seu livro: *Modernidade e identidade:*

> Confiança – a crença em pessoas ou em sistemas abstratos com base em um "ato de fé" que põe entre parênteses a ignorância ou a falta de informações.[4]

E já na apresentação do livro, a *confiança* é descrita como um fenômeno universal e fundador. Se a nossa cultura é, como tudo leva a crer, "uma cultura de risco", por outro lado:

> A confiança [...] é um fenômeno genérico crucial do desenvolvimento da personalidade e tem relevância distintiva e específica para um mundo de mecanismos de desencaixe e de sistemas abstratos. Em suas manifestações genéricas, a confiança está diretamente ligada à obtenção de um senso precoce de segurança ontológica. A confiança estabelecida entre uma criança e os que cuidam dela instaura "inoculação" que afasta ameaças e perigos potenciais que até mesmo as atividades mais corriqueiras da vida cotidiana contêm. A confiança nesse sentido é fundamental para um "casulo protetor" que monta guarda em torno do eu em suas relações com a realidade cotidiana [...]. A confiança gera aquele "salto de fé" que o envolvimento prático demanda.[5]

De fato, é bem no interior desse cenário múltiplo e contraditório do cotidiano que existimos. Comemos várias vezes em restaurantes, e mesmo naqueles onde entramos pela primeira vez não nos passa pela cabeça um acurado exame da copa e da cozinha com vistas a ver com os próprios olhos as condições locais de higiene. Na verdade, conviver com uma pessoa com tais costumes seria quase insuportável. E, no entanto, pode até ser que ela tenha razão. Vamos a médicos tratar de questões não raro sérias de saúde por indicação de amigos. Ora, não nos parece necessário pedirmos ao médico o *curriculum vitae* completo antes de começarmos a contar a ele o *curriculum* de nossos males do corpo. Tomamos os remédios que ele receitou sem exigir que junto com a bula venha o sumário da identidade ética e da qualificação profissional do farmacêutico responsável. De igual maneira, colocamos nossa vida, num longo vôo de avião, nas mãos de um piloto e de um co-piloto cujos nomes, origens e competências não conhecemos e, na verdade, nem desejamos conhecer.

Tornamos possível a nossa vida cotidiana, assim como a nossa educação e todas as outras trocas de bens, de serviços e de sentidos e saberes com as outras pessoas, com os grupos humanos e com as várias instituições sociais porque vivemos a partilha de culturas fundadas em princípios de mútua e recíproca confiança. "Eu confio em vocês confiante de que vocês confiam em mim." Com uma qualidade muito precária de informações "confiáveis" a respeito das pessoas, dos grupos e das instituições próximas e distantes com quem nos relacionamos, aprendemos a confiar nelas até mesmo em algumas situações extremas. Podemos imaginar ainda que justamente a ausência de informações confiáveis sobre o outro torna-o, para mim, um ser de confiança. E, sabendo claramente disso ou não, é sobre múltiplas experiências de confiança no outro que cada um de nós vive, a cada dia e nas mais diferentes situações, a sua própria vida.

Alguém poderia dizer que a confiança no outro, como fundamento lógico e afetivo das interações humanas, somente é praticável porque toda a sociedade, dos yanomamis aos nova-iorquinos (mesmo depois do 11 de setembro), possui mecanismos eficientes de controle e punição da confiança não correspondida. Pode ser verdadeiro, mas nem sempre, e nem como o fundamento essencial do sentimento pessoal, cultural e universal de confiança recíproca. Por exemplo: estamos perdidos em uma estrada à noite. Paramos o carro na beira da estrada e perguntamos a direção de nosso destino a um homem que nunca vimos e nunca mais veremos. Ele nos fala, aponta direções e nos guia com palavras e gestos. Agradecemos e, sem perguntar nada sobre ele, e sem questionar nada do que ele disse, seguimos a direção do caminho que ele nos ensinou.

O primado da confiança no outro é tão essencial que mesmo no mundo das relações de mercado e do *mundo dos negócios* – que aqui e em outros trabalhos meus aparece como o pólo oposto do *mundo da vida* – a própria relação de competência-competição está fundada nela, na confiança em si mesmo e na confiança no outro, mesmo quando rival, mesmo quando inimigo. Mesmo que exista aí, taticamente, um pressuposto de desconfiança generalizada, em termos mais amplos e mais estratégicos subsiste um cenário partilhado de confiança. Assim, de um lado, no mundo do capitalismo em sua versão neoliberal parece haver um preceito básico e lastimavelmente infra-humano: Eu não confio nos outros porque em princípio não confio eticamente em mim mesmo. E não confio nele e em mim mesmo porque tratamos a todos como sujeitos regidos por uma lógica de jogo. Um jogo em cujas regras a competência profissional está casada com uma moral regida por uma competição fundada na conquista, no domínio, no engodo e na barganha. Mas, de outro lado e de uma maneira inevitável: Eu preciso confiar em que os meus competidores – num mundo miserável onde tudo o que se tem são provisórios aliados estratégicos *versus* inevitáveis competidores táticos – são confiáveis. Assim, eu preciso crer que eles não ultrapassarão princípios de relacionamentos comerciais que tornam possível a lógica da própria competição, para que o comércio não se transforme em uma espécie qualquer de guerra aberta.

Assim, a idéia que desejo tornar verossímil aqui é a de um fundamento humano e, portanto, socialmente cultural dos relacionamentos entre pessoas e entre pessoas e os diferentes grupos humanos. E seria justo lembrar que, lida sob a ótica das cores e dos tons das palavras caras a Paulo Freire, a *confiança no outro* foi sempre um dos seus valores de pensamento pedagógico. Ao dizer repetidas vezes que "ninguém educa ninguém, mas também ninguém se educa sozinho", o outro lado dessa afirmação aparentemente apenas didática é a idéia de que na relação de aprendizagem, fundada sobre o diálogo, o próprio diálogo está assentado sobre a *confiança no outro*. Muito mais importante do que aprender comigo mesmo e através do saber de outros algumas "coisas" sobre o mundo, é reaprender através das coisas a confiar, consciente e afetuosamente, em mim mesmo e nos outros com quem reparto a vida e as "coisas" dos mundos que partilhamos.

Não se trata apenas da idéia evidente de que qualquer pessoa, quem quer que seja, é uma vocação original de seu próprio saber. Trata-se, para além disso, de acreditar no saber do outro. Ele não é apenas um conhecimento útil para o seu emissário, e tido por este como verdadeiro ou pleno de sentido. Ele tem valor porque é a partir do que cada um reconhece como o seu saber que o outro se coloca diante de mim e me ensina, aprendendo enquanto eu aprendo com ele, ensinando-o. E, bem sabemos, todo o saber que vivenciamos (mais do que "possuímos") só vale como algo a ser partilhado, posto diante de outros, atravessado pela vocação permanente do diálogo entre pessoas por meio de saberes, sentidos, sentimentos e significados.

Assim sendo, justamente estabeleço uma experiência genuína de diálogo quando posso acreditar que estas três "coisas" vindas de alguém com quem dialogo são merecedoras de minha confiança: o *saber*: o teor de conhecimento vivido por uma pessoa chamada a um momento de interação comigo; o *sentido:* o valor de vida dado aos sistemas de saber e de atribuição de valor ao saber; e a *sensibilidade:* o teor de emoção e de credibilidade na própria emoção, tal como o outro as vivencia e tal como ele as demonstra em sua interação comigo. Creio e confio, mesmo quando desconfio. E só posso desconfiar a partir de um pressuposto mais coerente de confiança no outro. E pouca coisa é tão feliz quanto poder confiar nos outros e, ao mesmo tempo, sentir-se como um *sujeito de confiança.*

Humberto Maturana lembra em vários momentos de seus escritos que a relação fundadora da experiência interativa é o amor. Adiante iremos nos encontrar com ele. Mas adiante veremos algumas idéias desse amoroso e confiável biólogo chileno, por causa de uma outra lembrança dele. Ele defende o primado da experiência da emoção do amor na relação entre pessoas, lembrando que nos é insuportável conviver em qualquer cenário de vida em que o amor seja pouco ou mesmo ausente. Só podemos suportar conviver quando de algum modo sentimos que compartilhamos alguma forma afetiva de troca amorosa. Viver à margem do amor não é ruim, é insuportável.

Ora, podemos aproximar essa idéia que Maturana nos traz da Biologia ao que pensamos a respeito de uma sociologia da confiança. Só podemos manter e tornar verdadeira uma relação com o outro quando há um sentimento partilhado de confiança recíproca. A tal ponto isso é real que quando desconfiamos que a "confiança em jogo" em uma relação interativa é propriamente "um jogo", uma estratégia regida por princípios de utilidade em que o outro é tomado como um valor instrumental, de imediato nos revestimos de idéias, palavras e gestos de defesa. Gestos de "defesa" porque, fora de qualquer relação baseada na confiança recíproca, nós nos sentimos ameaçados. Nós tememos o que possa acontecer. Assim, o momento de estar-com-o-outro, fundado na confiança e no amor, passa a ser um relacionamento regido pela desconfiança e pelo medo do outro. Deixa de ser gratificante, de imediato, torna-se insuportável. Nós o vivemos então, se não podemos sair dele de algum modo, sofrendo por não sabermos "jogar com o outro", ou estabelecendo um tipo de relação em que entramos como quem "joga" e, portanto, tanto podemos trapacear como podemos ser trapaceados, enganados.

Eis o caminho do rito de encontro entre duas pessoas pelo que elas são: pessoas em diálogo, torna-se um jogo entre dois contendores que tomam o outro por objeto de seus interesses e que se tomam a si próprios como sujeitos objetivados. Isto é, situados fora do que torna seres humanos pessoas reais e não indivíduos que valem como mercadoria. Fora do diálogo fundado na confiança amorosa deixamos de agir como pessoas e passamos a representar para nós mesmos e para o outro um papel em que nem nós mesmos confiamos. Somos então quem não queremos ser e representamos diante do outro uma pequena farsa infeliz. Amor pelo outro e confiança no outro caminham sempre tão juntos que tropeçam no primeiro passo, quando o outro falta.

Podemos repensar a própria idéia de *pessoa conscientizada* em Paulo Freire. Ela não é alguém que individualmente alcançou um grau de conhecimento crítico a respeito de si mesmo e da realidade do mundo em que vive. Ela é alguém que, por causa disso e por causa do sentido que dá ao que conhece de si mesmo e de seu mundo, torna-se uma mulher ou um homem confiável. Torna-se alguém que sabe criticamente, mas, ao mesmo tempo, que por causa disso mesmo coloca o seu conhecimento a serviço dos outros, da vida, da causa e do mundo humano em que crê. Não importa tanto o "conhecer a verdade", pois a verdade que nos "torna livres" ao conhecê-la é a que nos conduz a partilhar a experiência do amor através, também, do conhecimento. O conhecimento crítico está longe de ser a teoria acabada da qual alguém se apropria e usa em proveito instrumentalmente próprio. Ele é o saber que obriga aquele por meio de quem ele flui a atribuir um sentido vida, por meio do saber, à disposição dos meus outros pela partilha de diferentes momentos e situações de diálogos carregados de significado, de afeto e de projetos.

Assim, a *pessoa tornada consciente* é aquela que torna ativamente coerente a experiência interativa da partilha da confiança mútua. E, porque confia cada vez mais em si mesmo, nos seus outros e no sentido e valor do que fazem juntos, ela passo a passo devota os tempos de sua vida ao trabalho coletivo de construção de vidas genuinamente humanas, junto com o seu envolvimento na instauração inacabável de mundo de vida cotidiana e de história humana em que todas as pessoas possam enfim viver uma vida de fato verdadeira.

A experiência social do amor

Biólogos, sociólogos, historiadores, lingüistas, antropólogos e psicólogos redescobrem na pessoa, na sociedade e na cultura o substrato do afeto e da emoção. Descobrem algo que Humberto Maturana prefere definir como algo além de uma simples esfera de sentimentalidade oposta à racionalidade cartesiana da mente bem treinada, inclusive para saber "controlar as emoções". A emoção humana é o movimento interior de orientação mais essencial das nossas ações; de qualquer tipo de ação interativa. Ele reconhece a importância do pensamento na orientação de nosso ser e de nossas ações, mas traz a emoção para a linha de frente de nosso ser pessoal e dá à dimensão racional, na condução de nossas interações e a ações sociais, a dimensão de uma esfera também essencial. Uma esfera de saber e de sentido através da qual refletimos para nós mesmos e compreendemos com os outros o que fizemos, depois de o haver feito. Isto é, depois de havermos agido dirigidos por uma constelação de emoções que de algum modo guiam, inclusive, a própria lógica do pensamento. Deixemos que ele próprio nos fale por um momento.

> Dizer que a razão caracteriza o humano é um antolho, porque nos deixa cegos diante da emoção, que fica desvalorizada, como algo animal ou como algo que nega o racional. Quer dizer, ao nos declararmos seres racionais vivemos uma cultura que desvaloriza as emoções e não vemos o entrelaçamento cotidiano entre razão e emoção, que constitui o nosso viver humano, e não nos damos conta de que todo este sistema racional tem um fundamento emocional.

> Quando mudamos de emoção, mudamos o domínio de ação. Na verdade, todos sabemos isso na práxis da vida cotidiana, mas o negamos porque insistimos que o que define nossas condutas como humanas é elas serem racionais. Ao mesmo tempo todos sabemos que, quando estamos sob determinada emoção, há coisas que podemos fazer e coisas que não podemos fazer, e que aceitamos como válidos certos argumentos que não aceitaríamos sob outra emoção.[6]

Ora, se uma interação de diálogo é confiável – e eu creio que é – quando digo ao outro aquilo em que creio, assim procedo porque espero ouvir dele a sua verdade. A sua verdade ou o sentido-para-ele contido no que irá me dizer: porque ele acredita no que diz, porque ele acredita em si mesmo, porque ele acredita em mim. E porque ele crê, como eu creio, no significado e no valor humano daquilo que vivemos. Daquilo que criamos juntos como uma experiência conectiva do diálogo, mesmo quando nós dois ainda mal nos conhecemos. E se vivemos isso, então podemos antecipar a idéia de que um sentimento original de *afeto pelo outro* está na própria origem da *confiança no outro.* E vice-versa, claro. O teor de nossa conversação é, por certo, tradução de nossa mútua e interativa racionalidade. Entretecemos palavras e trocamos frases; intercambiamos idéias e negociamos sentidos, mas o que nos move a estarmos juntos e estabelecermos um diálogo são feixes e teias de sentimentos entrelaçados com os saberes, sentidos e significados através dos quais nós nos falamos. Eu digo palavras e formulo idéias para traduzir não tanto o que penso, mas como vivencio afetivamente o sentido de meu pensar, o sentido de estar ali, dialogando, e a maneira como minhas emoções registram e integram em mim a experiência de viver "aqui e agora" o que convivo com outra pessoa.

Ora, voltemos alguns passos atrás e, com eles, ao professor Clóvis. Para tomarmos essas idéias como ponto de partida de uma educação destinada à formação da pessoa livre e, portanto, solidária, co-responsável e participante de ações coletivas de criação social da liberdade, podemos partir de que a violência não tem origem essencial no ódio, na inveja do outro ou no desejo de conquista e domínio.

Sua fonte original está centrada no medo do outro e no temor da perda. Não se relaciona harmoniosa e amorosamente com os outros aquele que os despreza ou os odeia. Não sabe estabelecer uma relação fundada na confiança e, portanto, em sentimentos fundadores de um diálogo verdadeiro a pessoa que teme aqueles com quem entra em algum tipo de relação interativa. Não ama quem se deixa levar por um sentimento original e gerador de outros sentimentos: o medo do outro e o medo de si mesmo diante do outro. O temor de perder, através da ação dos outros, as coisas e os poderes acumulados ao longo de uma vida que, por ausência de um genuíno afeto compartido com as outras pessoas, alguém reconhece como sendo os únicos ou os mais importantes bens e sentidos da própria vida. Quando não há o que temer, também não existe porque não confiar. E entre pessoas relacionadas por meio da confiança, não há porque não viver com amor a experiência da presença do outro.

Por muito tempo as ciências da cultura e da sociedade nos fizeram acreditar que o fundamento da vida humana está nos múltiplos e entrelaçados sistemas de valores, de princípios, de preceitos e de idéias que pessoas postas em relação criaram e consagraram para poderem viver em sociedade. Esse olhar normativo e racionalista é verdadeiro. Mas ele só é verdadeiro quando relacionado à sua outra face. Quando se compreende que, no fundo e ao lado da racionalidade política e jurídica da *sociedade*, estabelecida como *modo de vida* codificado como uma *cultura,* vivemos a vida cotidiana entre afetos e emoções que dão sentido original às nossas idéias e valores cognitivos.

Viver entre outros significa compartir com eles e conosco as nossas emoções e, entre elas, partilhar motivadamente, mais do que todas, aquelas que nos destinam ao encontro com sujeitos iguais, próximos, diferentes e divergentes, através de experiências de diálogos fundados na *confiança no outro*. E viver essa vocação como seres interativos, por estarmos sempre colocados em algum modo de relação com os outros, e como seres conectivos, por sermos sujeitos sociais criadores de nós mesmos e dos mundos de vida e de sentido da vida que fundamos com os outros e através dos outros.

Nossos sentimentos de vocação interativa são, tanto quanto os nossos conhecimentos, crenças e ideologias, algo que existe subjetivamente em nós, e também objetivamente em cenários da vida cotidiana que partilhamos com outras pessoas. São, portanto, experiências de valor social que existem como e na cultura de que somos parte e partilha. Constituem sistemas culturais; criam, consagram e transformam códigos e gramáticas sociais de relacionamentos entre pessoas interindividualmente (como um casal de amantes), entre pessoas e grupos sociais, e entre as próprias instituições e grupos humanos de que a educação, a escola e a sala de aulas são bons exemplos.

E sabemos que muito embora uma escola e uma sala de aula sejam cenários sociais de relacionamentos interpessoais dedicados a trocas e partilhas do saber, quase tudo o que move esses relacionamentos está fundado na qualidade das emoções vividas por pessoas que se reúnem ali para aprender e para ensinar. Aprendemos saberes e integramos conhecimentos, mas tornamos isso possível pela vivência e integração pessoal e coletiva da qualidade das emoções com que estabelecemos cada momento de uma relação educativa. Uma relação humana que só é produtivamente pedagógica porque, antes e sempre, é uma interação afetivamente fundada na troca de afetos entre saberes e sentidos de vida. E aprender é apenas o exercício de atribuir nomes, normas e significados ao que vivo, afetiva e afetuosamente, ao conviver com outras pessoas, ao aprender não tanto *com* elas, mas *entre* elas. E, mais ainda, perguntem a uma criança que mal começou a estudar em uma escola, ou perguntem a um velho que deixou a sua há muitos anos o que eles lembram de um dia ou de uma vida de estudante. A resposta reflete sempre um clima afetivo, um teatro de interações entre atores. Os saberes, nós os esquecemos, os gestos, nunca.

Palavras como: *sentimento, afeto, emoção, amor, imaginação* eram raras na pedagogia e nas ciências sociais até alguns anos passados. Algumas vezes, quando as três primeiras apareciam aqui e ali, era sob a forma de expressões inevitáveis do comportamento humano, cujo controle era essencial tanto para a saúde da "pessoa de bem" quanto para a de uma sala de aula. "Controlar as emoções", "dominar os afetos", "submeter os sentimentos à inteligência", "frear a imaginação" foram preceitos éticos e didáticos que alguns de nós, pelo menos os que já assistiam aulas nas universidades entre as décadas de 1950 e 1960, como eu, ouvimos por vários anos.

Em escritos científicos encontramos a palavra *amor* raras vezes. E aqui e ali, quando é escrita, é com cuidados e avisos e, algumas vezes, acompanhada de pedidos de desculpas pela falta de um termo mais adequado, isto é, mais adequadamente científico. Então virá o dia em que faremos justiça a um dos mais criativos cientistas do fenômeno humano em nosso tempo. Foi junto a um padre e paleontólogo francês, Pierre Teilhard de Chardin, que toda uma geração de militantes cristãos, de Leonardo Boff a Frei Beto e Marcos Arruda e de Betinho a Paulo Freire, aprendeu a reconhecer sem falsos pudores algumas palavras evitadas por outros cientistas da natureza, da pessoa e da sociedade. Foi em um de seus trabalhos que encontrei, faz muito tempo, esta passagem que já reproduzi em um outro escrito e que quero trazer aqui. Ele diz palavras de uma visão humana que mais adiante serão retomadas em Humberto Maturana.

> Do amor nós só consideramos habitualmente (e com que requintes de análise!) o seu aspecto sentimental: as alegrias e os sofrimentos que ele nos causa. É no seu dinamismo natural e na sua significação evolutiva que me acho levado a estudá-lo aqui, a fim de determinar as fases últimas do fenômeno humano.
>
> Considerado em sua plena realidade biológica, o amor (quer dizer, a afinidade do ser com o ser) não é exclusivo do Homem. Representa uma propriedade geral da Vida e, como tal, molda-se em variedades e em graus, a todas as formas que toma sucessivamente a matéria organizada. Nos mamíferos, bem próximos de nós, reconhecemô-lo facilmente com suas diversas modalidades: paixão sexual, instinto paternal e maternal, solidariedade social, etc. Mais longe ou mais abaixo na Árvore da Vida, as analogias são menos claras. Atenuam-se até se tornarem imperceptíveis. Mas cabe aqui repetir o que eu dizia do "Dentro

das Coisas". Se, num estado prodigiosamente rudimentar, sem dúvida, mas já nascente, não existisse, até na molécula, uma propensão a se unir, seria fisicamente impossível ao amor surgir mais acima de nós, em nós, em estado hominizado. De direito, para constatar com certeza sua presença em nós, devemos supor sua presença, pelo menos incoativa, em tudo o que existe. E de fato, se observarmos ao nosso redor a ascensão confluente das consciências, veremos que ele não falta em parte alguma.
[...]
Só o amor, pela simples razão de que só ele prende e junta os seres pelo mais fundo deles mesmos, é capaz – e este é um fato da experiência cotidiana – de completar os seres, enquanto seres, reunindo-os. Em que minuto, com efeito, dois amantes atingem a mais completa posse de si mesmos, senão naquele momento em que se dizem perdidos um no outro? Na verdade, o gesto mágico, o gesto reputado contraditório de "personalizar" totalizando, não realiza o amor a cada instante, no casal, na equipe, à nossa volta? E isso que ele opera assim quotidianamente numa escala reduzida, por que não o repetirá um dia às dimensões da Terra?

A humanidade; o Espírito da Terra, a Síntese dos indivíduos e dos povos; a Conciliação paradoxal do Elemento e do Todo, da Unidade e da Multidão; para que essas coisas, ditas utópicas, e no entanto biologicamente necessárias, tomem corpo no mundo, não basta imaginar que nosso poder de amar se desenvolvesse até abarcar a totalidade dos homens e da Terra.[7]

Nós, seres da era da consciência

À direita e à esquerda de qualquer projeto de educação, situado no interior de qualquer projeto cultural destinado à preservação ou à transformação de qualquer proposta de sociedade, tem sido dito e repetido entre nós que a nossa é a geração do trânsito de toda uma *humanidade do trabalho* para uma *humanidade do saber*. A começar pelo fato de que cada vez mais o trabalho humano tem a ver com a contínua aquisição diferenciada de saberes. A continuar pelo fato de que cada vez mais o trabalho essencial das pessoas daqui para frente tem e terá a ver com alguma forma de elaboração compartida de saberes. Será assim mesmo? Sim, mas desde que o próprio trabalho não seja simplesmente abolido em favor de máquinas que o realize por nós e contra nós, mas se humanize para muito além da lógica do mercado como uma experiência produtiva e justa, vivida entre iguais solidários, sob a forma de uma criativa construção de saberes e de aplicação de saberes.

Por toda a parte convivemos com inúmeros e contraditórios sinais de que batemos à porta de uma imensa transformação no sentido e no destino da humanidade. Estamos chegando à aurora do tempo em que deixaremos aos poucos de sermos quem somos por causa do trabalho que exercemos na socialização da natureza para virmos a ser em função dos saberes que aprendemos – através inclusive de outras estruturas interativas do processo produtivo – e seguiremos aprendendo a criar, a multiplicar, a transformar e a difundir.

Diante de um tempo da história da aventura humana em que a *informação,* o *conhecimento* e, se quisermos ousar, *a consciência* – envolvendo também a esfera de afeto e de emoção – assumem um lugar cada vez mais central em todos os processos sociais, tornando a própria educação um valor e um fator ordenadores na criação da cultura, eis que as próprias oposições entre confiança e medo e entre amor e temor configuram também um par de opostos. Algo semelhante ao que podemos traduzir, tomando de empréstimo expressões da Escola de Frankfurt, como *o lado da vida* e o seu oposto, o lado do *mundo do mercado,* o *mundo dos negócios.* Pois somente com um olhar muito pouco crítico diante do que se passa à nossa volta e diante do que se anuncia neste começo de século e de milênio, deixaríamos de reconhecer que em sua face objetiva e socialmente construída, as direções dos fundamentos lógicos, políticos, éticos e afetivos que definem o teor das interações entre pessoas e entre pessoas e instituições sociais tomam duas direções bem visíveis.

Uma é a direção de uma globalizada *cultura de informação.* Ela estabelece como estilo de relações interativas um espírito de competência e de competição compatível com os interesses e valores instrumentais e utilitários do *mundo dos negócios.* Nela o *conhecimento* é pensado e produzido – sobretudo pelo trabalho cultural da *mídia* –

como *informação* e, assim, é proclamado como a produção agenciada e centralizada de saberes e de competências utilitárias, cuja fonte prioritária de origem está na ciência e na tecnologia. E cujo projeto de educação pode estar muito bem resumido na aquisição capacitadora de conhecimentos instrumentais, no qual critério de aferição está na utilidade empresarial e o destino absolutamente prioritário é o mercado de trabalho do *mundo dos negócios.*

Uma outra é a direção da *cultura da comunicação.* Ela possui alicerces fundados em uma verdadeira ecologia da mente, estabelecida sobre a formação da pessoa humana como ser destinado ao dialógo, à partilha solidária da vida e à cooperação construtiva entre atores sociais para quem o fruto do trabalho não se esgota na produção para o mercado, mas na construção de um mundo capaz de libertar o homem da servidão imposta pelos interesses e pela lógica desse mundo. Uma cultura ao mesmo tempo local e progressivamente planetária, compatível com os imaginários e valores do *mundo da vida.*

Aqui o *conhecimento* deve ser lido como *consciência.* E a *consciência* deve ser compreendida como o sentir-pensar da inteireza do ser humano. Talvez, como o saber que se integra não na esfera racional e academicamente pensante da pessoa que estuda e que aprende, mas como o saber que interage com o todo de seu próprio ser. Que transforma quem aprende e o conhece em sua totalidade. Que torna a "coisa aprendida e conhecida" não propriamente uma "coisa", uma coisa-de-que-se-apropria-e-que-se-usa, uma posse que se acumula e vale porque é meu saber, como tem sido constituído e apregoado cada vez mais como a razão de ser do aprender, dentro de uma crescente lógica pedagógica utilitária. Ao contrário, aprender deve ser vivido como algo que transforma o saber adquirido e partilhado em um complexo e dinâmico fluxo de saberes, de sensibilidades e de significados destinados a estabelecer níveis e dimensões cada vez mais ilimitadamente abertos ao enriquecimento de três esferas de comunicação e diálogo. O diálogo interior do/com o próprio ser que sente, pensa, aprende e conhece;

isto é, o fecundo e infindável diálogo da pessoa com consigo mesma, tão esquecido de nossas pedagogias ocidentais e tão essencial na de outras tradições espirituais e pedagógicas. O diálogo essencial – pois para ele somos feitos e em seu nome aprendemos o "eu sabemos" – com o meu outro. Com as outras pessoas com quem convivo, em um sempre aprofundável e ampliável campo de interações da vida cotidiana e da história de vida de cada pessoa e das unidades de vida partilhada que criamos e em que nos situamos para viver. E o diálogo com o mundo. A interação de sensibilidades e sentidos com todas as esferas de representação e de significação da própria vida. E não apenas como uma apreensão de conhecimentos sobre, como quer a ciência, mas como um aprender e conectar saberes para abri-se *a* e, assim, para colocar-se em interação profunda e significativa com a vida e o seu mistério.

Aprender – na escola e fora dela – uma vida de conhecimento transformado em consciência (no sentido mais amorosamente Paulo Freire do termo) e não como uma perda iludida (para si mesmo) e ilusória (para os outros) do conhecimento como informação acumulada, desafia a experimentar um modo de viver e de estar no mundo estabelecido sobre uma contínua e sempre frágil e mutável criação de saberes. Uma co-criação estabelecida sobre o oposto dos princípios que regem a "conquista" pessoal do "poder do saber" e de sua reiterada acumulação (saber é o que eu conquisto e possuo para uso próprio) com interesses de proveitos utilitários e colocados a serviço de uma ética da competência instrumental e de uma lógica mercantil de competição. Em direção oposta, uma experiência interativa (estar com e entre outros) e conectiva (somar e somar-me a outros) estabelecida através da troca, da partilha e da reciprocidade de conhecimentos, de afetos e de ações sociais.

E isso nos leva a algumas perguntas inquietas e situadas bem na tradição do pensar de Paulo Freire. Porque não partir do princípio de que a razão de ser da educação não está situada sempre fora dela mesma, sempre no que ela "produz para" e não no que ela "faz acontecer em"? Porque não conceber que o destinatário da educação não está situado aquém ou além de qualquer lugar natural ou social que não seja a própria pessoa e o desenvolvimento humano?

Na verdade somos seres sempre aprendentes. Seres que não acumulam conhecimentos em estoques utilitários de competências apropriáveis pelo mundo do mercado. Somos seres que se transformam continuamente enquanto aprendem e porque aprendem. E não durante um tempo predeterminado de nossas vidas, mas ao longo de todos os ciclos da vida, pois somos seres aprendentes em processo, bem mais do que apenas seres racionais, como um produto. E a própria racionalidade humana existe e tem sentido não por causa de saberes que se estoca, mas através de fluxos de diálogos sempre mais e mais densos e fecundos que cada um de nós estabelece consigo mesmo e com os outros. A qualidade dos saberes mais vivenciados do que adquiridos ao longo de toda a vida está em nossa capacidade de equilibrarmos e desequilibrarmos integrações e interações estáveis e instáveis, consistentes e frágeis, perenes e efêmeras ao mesmo tempo. Conexões complexas de símbolos, de sentidos, saberes e significados sempre abertos a serem relativizados e redimensionados em nossa racionalidade e em nossa sensibilidade. E conexões que valem pelo seu ser-de-fluxo que nos atravessa em diálogo com outros, bem mais do que como algo que se adquire e se possui individualmente. Por isso somos pessoas, da criança ao idoso, capazes de sempre aprender e reaprender, rever integrações de sentimentos-saberes-valores e reintegrar dimensões sempre mais densas e mais profundas da experiência pessoal e interativa de sermos-quem-somos.

E, em termos de humanização de nossa racionalidade sensibilizada e aprendente, podemos ousar imaginar que todo o aprendizado destina-se não tanto a capacitar pessoas que "estocasticamente" sabem mais para si mesmas, mas a educar pessoas que gratuitamente servem mais aos outros à medida que aprendem mais e sabem melhor o que já sabiam antes. E pessoas que aprendem a ser melhores através do que passam, a saber a partir do saber que criam enquanto aprendem. Espero que essa compreensão das coisas assumidamente socrática não pareça ser tão estranha ou tão romântica assim.

Um passo adiante e podemos pensar que o sentido mais interior do trabalho pedagógico não se esgota tanto em um "educar para". Não se educa para preparar pessoas para o poder de Estado, para o mercado de bens ou de serviços e nem mesmo para a vida. Não se educa "para" ou "em nome de" um futuro sempre situado no projeto de nossas antecipações impostas a nossas crianças ou jovens. Não se educa em nome da reiteração de um passado que não pode e nem deve significar exatamente a mesma coisa para pessoas de gerações diferentes. Educa-se "em" e "para" um presente e para a plenitude da vivência pessoal, interativa e recíproca de um presente em cada instante de seu cotidiano. Todo o aprendizado a respeito do passado serve para tornar rico de sentido a vida vivida em um presente. Os próprios historiadores estão conscientes de que é o presente de cada dia quem lhes coloca as questões com que lêem o passado. Assim em Philippe Ariès: "[...] penso que nunca segui um comportamento histórico que não tivesse como ponto-de-partida uma questão colocada pelo presente".[8]

Todo o aprendizado para um futuro deve ser a vivência livre, ativa, participativa, amorosamente interativa e co-responsável em um momento do presente e para a sua plena realização pessoal e coletiva. Como será o futuro em que viverão as pessoas que irão conviver conosco frações de tempos vindouros de que faremos ainda parte, ou onde não mais estaremos presentes? Podemos ousar até mesmo pensar que os detalhes de uma educação que forme e capacite pessoas – agora crianças ou adolescentes – para virem a viver um futuro ideológica e pedagogicamente antecipado por nós é algo que não nos toca. Tudo o que podemos e devemos fazer é criar contextos regidos pela solidariedade e partilhados entre pessoas diferentes ao serem educadores-e-educandos, mas nunca desiguais ao serem, de um lado, aqueles que sabem, podem ensinar e ensinam e, do outro lado, os que não sabem, devem aprender e aprendem. A reciprocidade de emoções, ações e pensamentos em contextos regidos pelo amor e pela aceitação plena da pessoa do outro é a experiência pedagógica essencial. Dela podem emergir pessoas prontas a viverem agora a melhor experiência de seu presente possível. Dela devem emergir pessoas prontas a realizarem, quando ele for um outro momento de "seu-presente", aquilo que agora antecipamos como "o futuro".

Não se ensina agora como ser depois. Criam-se condições de intervivências agora, para que as crianças venham a gerar entre elas, com a partilha não autoritária de educadores, o seu aprendizado de realização solidária do presente e de motivação a construírem mundos futuros mais justos, fraternos e livres.

A educação serve ao aprendizado realizado como co-construção de sentimentos-saberes-valores partilhados como/no próprio ato múltiplo e dialógico de ensinar-e-aprender. Somos seres humanos porque somos seres aprendentes. O aprendizado é inacabável e lançados nas trilhas de sua aventura, podemos estar sempre reaprendendo e nos reequilibrando interior e interativamente em planos e dimensões mais holísticos e mais fecundos.

De alguma maneira as perguntas de uma educação humanizadora se invertem. Não se trata mais de perguntar: "o que uma aluna de 4ª série precisa aprender para poder ser promovida à 5ª série?" Não se trata mais de antecipar: "O que devem aprender as crianças e os adolescentes durante o ensino fundamental para poderem ingressar de maneira adequada no ensino médio?" A pergunta deverá ser: "O que precisa viver e aprender uma criança de oito anos para viver da maneira mais plena e fecunda possível a experiência cotidiana de ter oito anos?" Cada momento da vida possui em si a plenitude de seu sentido. A pessoa cidadã, co-responsável por si, pelos outros e pelo seu mundo é aquela que vive a inteireza possível disso a cada momento de cada dia de sua vida. E essa é também uma razão pela qual a educação não deve preencher utilitariamente alguns ciclos da vida de uma pessoa, mas deve ser uma oferta aberta, por toda a vida, a ela e a grupos humanos.

A razão de ser da educação está em cada momento da criação da inteireza de uma experiência única de vida humana, em cada instante de suas conexões em seus vários planos de interações e de diálogos. Ora, se isso é algo tão pouco e imperfeitamente mensurável e comparável, então deveria deixar de ter valor e utilidade a maioria das iniciativas arbitrárias (porque situadas sempre em alguma fonte de poder externo e controvertido) de incentivo à competição entre as pessoas, de comparações que estabeleçam desigualdades onde tem sentido apenas a realização de competências competitivas. E tais iniciativas deveriam dar lugar à realização de processos de reciprocidade voltados à cooperação e à construção partilhada da própria experiência da vida.

Só é verdadeiramente meu o saber que não me pertence.

Somente possuo o saber que não possuo, que não retenho "para mim", que não acumulo, embora com o passar do tempo possa me sentir sabendo "mais", mas que eu coloco de maneira crescente e inevitável no círculo do dom, da troca e da coexistência. O conhecimento que passa por mim, que flui entre meu eu e o de outros através de uma perene atividade intercomunicativa e mutuamente fecundante de intercâmbio de conhecimentos e de valores provenientes de sujeitos pensantes e, por isso mesmo, diferentes, desiguais e divergentes. Provenientes de sistemas de saberes e de sentidos e significados dados à pessoa humana, à vida social, ao mundo, criados e vividos em diferentes culturas; em diferentes tradições de uma mesma cultura e – nunca esquecer – em e entre diferentes vocações pessoais do ser e do viver no interior e nas fronteiras (inclusive as críticas) de uma mesma tradição cultural.

Conhecimentos, saberes e valores que se reconhecem em mim e entre nós como instáveis, complexos, e com horizontes transversais e transdisciplinares, cuja fonte prioritária provém da integração de diferentes campos da ciência e da tecnologia. E provém, também, da interação entre ciências, artes, espiritualidades e outros sistemas culturais de saber e de sentido, deslocadas de qualquer centro de *poder do saber* e *poder do sentido*. E provém, ainda, da consciência compartida da desafiadora e fascinante indeterminação dos saberes culturalmente construídos e do caráter essencialmente recíproco e efêmero de todo e qualquer sistema social de conhecimento, científico ou não.

Saberes humanos cujo projeto de educação transcende em muito a pura e simples capacitação instrumentalizadora destinada à reprodução do exercício de atividades produtivas. Pois ela subordina a capacitação das competências à formação plural de pessoas educadas na inteireza de seu ser. Isto é, pessoas educadas para descobrirem, passo a passo, as suas vocações de pensadores-criadores conectivos e dialógicos de seus próprios saberes e sentidos. E para descobrirem interminavelmente isso vivendo como atores sociais impregnados de confiança em si mesmos, nos seus outros e na possibilidade sempre aberta de serem eles os criadores cotidianos de seus próprios mundos.

Pessoas confiantes e amorosas, por serem conscientes de quem são e de quem são os seus outros, e confiavelmente interativas e co-participantes da sempre aberta atividade cultural de construção de destinos pessoais, de caminhos recíprocos da ação humana e de mundos sociais que venham a ser cada vez mais o lugar da realização solidária da *experiência da vida*. Essas palavras e as propostas que elas encerram podem parecer utópicas demais, sentimentais demais, sobretudo para os termos em que nossos tempos pensam e propõem sistemas de sentido. Mas é por isso mesmo que quero insistir nelas. É por isso que algumas palavras e algumas idéias são ditas e repetidas aqui. Vivemos um tempo em que uma difusa e camuflada ideologia de pessoa e de educação faz eco com a ética e a lógica da economia neoliberal de mercado. Aos poucos, parece que a única pessoa apta a viver a modernidade é aquela disposta a tudo para "vencer na vida" e para "conquistar um bom emprego". Ora, os verbos de teor militar e competitivo, tão freqüentes antes e tão mais costumeiros agora, já declaram com que espírito a aventura do aprender a saber tem sido pensada e proposta.

O de que precisamos não são apenas belas palavras capazes de apenas contrapor a um ideário utilitário e competitivo um imaginário um pouco menos servil aos interesses do mundo dos negócios. O que precisamos é de um ideário pedagógico de atos e fatos tão realistas e concretos que a palavra *amor* caiba neles sem tréguas. Precisamos não tanto criar teorias e modelos pedagógicos mais humanos, menos robotizantes e instrumentais, portanto. Precisamos aprender a estabelecer cenários interativos no mundo da educação, em que a confiança no outro, a partilha do afeto, a co-responsabilidade e o sentimento de que o que vale na vida é a coragem de se construir juntos pessoas e mundos de fato humanos criem de verdade e de maneira consistente experiências de interações entre pessoas através do saber e do aprender fundadores de um outro modo de ser, de sentir, de conviver e de aprender.

Creio estarmos prontos agora a percorrer a seqüência de uma pequena série de valores-princípios de uma educação integrada em um projeto ao mesmo tempo local e planetário de instauração de uma *cultura da paz.*

1. A finalidade da educação é o *desenvolvimento humano* e não o *desenvolvimento econômico.* A pessoa humana, e não o mercado de trabalho do mundo dos negócios, é o seu destinatário, a razão de seu exercício.

2. Assim como o ser humano não se destina a coisa alguma além da partilha da felicidade de pessoas livres e solidárias, assim também a educação da pessoa humana não está destinada a nada, além de

sua própria realização na formação de tais pessoas. Não se educa para o trabalho, para o Estado, para o mercado ou mesmo para a vida. Educa-se para criar perenemente pessoas destinadas à aventura do saber. O saber e a criação (nunca a sua acumulação instrumental, como informação) pessoal e dialógica do saber, através da partilha de sentimentos e saberes, sentidos e significados, é a razão de ser da própria educação.

3. Mas não há na proposta antecedente nenhum valor puramente iluminista. Se o destino da educação é a procura e a realização permanente e crescente do saber como exercício crítico e consciente da pessoa educanda e jamais educada (pois esse processo é por toda a vida), o destino do saber consciente e da pessoa educanda é o diálogo. É a ampliação do interminável diálogo consigo mesma, com os seus outros e com o seu mundo de vida.

4. A educação existiu e segue existindo sempre em um mundo de escolhas culturais de teor político. Ela deve procurar ser um instrumento da criação e consolidação de culturas políticas de construção (bem mais do que de "colonização") do presente e do futuro. Viver um absoluto agora, em sua plenitude, e ser educado para saber viver a cada momento a felicidade do agora compartido. Mas sentir-se co-responsável pela construção de um mundo de futuro também cada vez mais capaz de abraçar todas as pessoas e todos os povos em uma vida de felicidade.

5. Assim, todo o projeto de uma *educação emancipatória* é a possibilidade de que os sujeitos educandos (entre os que aprendem-ensinando e os que ensinam-aprendendo) formem pessoas destinadas a se engajarem em frentes de luta social em nome da justiça, da solidariedade, da liberdade, da inclusão e, em suma, do direito universal de *partilha da felicidade* entre todas as pessoas e os povos da Terra.

6. Diante dos novos horizontes abertos pelos novos olhares e pelos paradigmas emergentes em todos os campos da experiência

humana com o saber e o criar símbolos, sentidos e saberes, a educação emancipatória deve abrir-se a todas as possibilidades e alternativas de novas e fecundas integrações de conhecimentos provenientes não apenas do campo da ciência. Já é tempo de reencantarmos a educação, de poetizarmos a escola e de espiritualizarmos o ensino.

7. Chegamos, entre acertos e tropeços, ao ponto em que estamos no processo cultural de hominização por causa de dois princípios fundadores de nossas relações conosco e com os nossos outros. Eles estão fundados na emoção, tomada aqui como ordenadora das ações humanas – no sentido Humberto Maturana do termo – e são os seguintes: a confiança e o amor. Convivemos porque confiamos no outro, confiamos porque o sentimento da essência do ser e do viver humano é o amor. É tempo da educação redescobrira emoção como o ingrediente humano fundador da própria racionalidade, descobrindo no mesmo movimento o amor e a confiança como pressupostos de toda a pedagogia solidariamente emancipatória.[9]

8. A palavra "solidariedade" foi escrita aqui exageradas vezes. Ela e suas companheiras de sentido, como "partilha", "participação" e outras. Devemos ousar pensar e praticar uma educação para um projeto de vida e para a realização de culturas de paz e de partilha amorosa da vida e da felicidade, dirigida a uma nova postura humana diante da vida. Precisamos urgentemente redescobrir os caminhos da simplicidade do existir. De um espírito de quase-pobreza como escolha de muitos, para que todos possam viver dignamente. Precisamos abrir mão de nossos bens, de nossos tempos, de nossos saberes, de nossas vocações para uma ativa e não apenas retórica partilha da vida com as outras pessoas. Diante do mundo dos negócios que transforma todas as coisas em mercadoria, e que mercadoriza a educação e também as pessoas capacitadas para serem elas próprias produtos de compra e venda em um mercado em que o valor da pessoa é o seu valor de compra, é preciso criarmos teias e redes de vida solidária.

Se o mundo dos negócios tem demonstrado uma tão persistente e aperfeiçoada capacidade de criar e impor as regras de lógica e ética próprias como sendo as do "único mundo viável", quando aprenderemos a opor a ele os princípios de uma ética política solidária e amorosa destinada a sonhar e a tornar real "um outro mundo possível, a começar pela prática dos nossos gestos de vida cotidiana, até quando eles se transformarem nos próprios fundamentos da estrutura relacional de nossas interações? Isto é: de nossas vidas.

Notas

1 Paulo Rosas havia me encomendado este texto e a sua apresentação durante o *Colóquio Internacional Paulo Freire*, no Recife, em julho de 2003. Na abertura dos trabalhos ele nos dirigiu palavras muito tocantes. Já não estava bem de saúde e as pessoas mais próximas temiam que a emoção do encontro no Recife pudesse afetar ainda mais o seu estado. Ele coordenou o colóquio até o final. Poucos meses depois viajou para Paris onde iria participar de um outro encontro. Faleceu lá em novembro e, como o outro Paulo do mesmo Recife, deixa entre nós uma imensa saudade. Estes escritos são Paulo Rosas

2 Não sei dizer o local original desta passagem de Paulo Freire. Sem maiores indicações, eu a tomei de um artigo do educador gaúcho Euclides Redin: Paulo Freire, "Da 'linguagem da crítica' para a 'linguagem da possibilidade'", em Cadernos pedagógicos, n. 2, Secretaria de Educação do Governo do Rio Grande do Sul, como parte da inesquecível "Semana Pedagógica Paulo Freire", em Porto Alegre, no ano de 2001.

3 O artigo "Memória de Paulo – o professor reflexivo da escola cidadã", em A educação popular na escola cidadã, Petrópolis, Vozes, 2002, pp. 318-57.

4 Modernidade e identidade, Rio de Janeiro, Jorge Zahar, 2002, p. 221. Giddens tem outros livros em português em que essa mesma idéia é apresentada e defendida.

5 Idem, p.11.

6 Emoções e linguagem na educação e na política, Belo Horizonte, UFMG, 1999, p.15., Coleção Humanitas.

7 Essas passagens foram tomadas de um dos raros livros de Pierre Teilhard de Chardin editados em português. O fenômeno humano, São Paulo, Cultrix, 1995, pp. 297-8. Frei Betto possui um belo estudo em linguagem poética e simples sobre o pensamento de Teilhard de Chardin. Chama-se: Sinfonia universal: a cosmovisão de Teilhard de Chardin, São Paulo, Ática, 1994. Fiz referência ao fato de que livros de Peter Russel,

assim como o filme inspirado em um de seus livros, O buraco branco do tempo, revelam uma oportuna vocação teilhardiana. Finalmente, a editora Vozes começou a publicar, a partir de 2003, a tese de doutorado de Marcos Arruda, prevista em três volumes. Recomendo com insistência a leitura de *Humanizar o infra-humano*, em que o autor realiza uma das melhores interações entre as idéias de Teilhard de Chardin e a educação de nosso tempo. Devo dizer que em uma versão mais completa, a mesma citação de *O fenômeno humano* foi transcrita no artigo, escrito por mim, "Amor, a vida – alguns fragmentos de idéias e de sentimento", em Utopia urgente: escritos em homenagem a frei Carlos Josaphat nos seus 80 anos, São Paulo, Casa Amarela/Educ, 2002.

8 História social da criança e da família, Rio de Janeiro, Jorge Zahar, 1981. No entanto, tomei a citação de Culturas infantis: um estudo sobre as brincadeiras criadas pelas crianças numa perspectiva sócio-cultural, dissertação de mestrado em educação de minha orientanda Maria Emília Silva Loyola, defendida na Universidade de Uberaba, 5 mar. 2004, p. 34.

9 A idéia de confiança como um suposto básico das relações sociais está presente nos trabalhos de Anthony Giddens. Aparece no livro Modernidade e identidade, já citado aqui. A presença do amor como a emoção criadora da experiência humana é a tônica dos escritos de Humberto Maturana. Ela está presente no apêndice do livro Formação humana e capacitação, que Humberto Maturana escreveu com a educadora chilena Sima Nisis de Rezepka editado pela Vozes, de Petrópolis. Tenho comigo a primeira edição, de 2000. Nessa mesma linha quero recomendar o livro de Maria Cândida Moraes: Educar na biologia do amor e da solidariedade, Petrópolis, Vozes, 2003.

A roca e o calmo pensar

sentir e agir com Gandhi

Na verdade, *A roca e o calmo pensar* é o nome de um dos livros de fragmentos de Mahatma Gandhi. Um livro sobre a fé e a experiência da oração. Tomei-o aqui porque considero uma boa metáfora dos pensamentos de Gandhi sobre o amor, a não-violência (*ahinsa*), a cooperação entre as pessoas e a paz.

Atribui-se a Gandhi os *onze pontos sobre a cooperação,* que são a fonte das reflexões deste capítulo. Sigo os seus passos e procuro pensar para o "entre-nós" de nosso tempo e de nossos cenários de vida, as suas propostas de uma busca solidária de concórdia entre os seres humanos e entre eles e o mundo natural.

Como em outros capítulos, as idéias escritas por Gandhi estão destacadas em recuo.

Os onze pontos para a cooperação

Primeiro

> Amar incondicionalmente todos os Seres Vivos, com compaixão, tolerância e paciência, sem preconceitos, julgamentos e condenações.

Amar e procurar preservar a vida e a identidade de tudo o que é vivo!

Antes de procurar analisar, classificar, explicar cientificamente ou antes de apropriar utilitariamente, procurar compreender o ser e o sentir de cada ser.

Nesse sentido, uma coisa é a "técnica do uso" e, outra, é a "poética do encontro" da "comunicação entre". Assim como uma coisa é o saber da ciência e, outra, a sabedoria da vivência.

Amar tudo o que é vivo, reconhecendo que tudo o que existe como alternativa para a vida realizar-se em um ser, participa da mesma teia da vida e dá à vida a sua intransferível e sagrada parcela de existência.

Ainda que existam entre os seres-da-vida algumas hierarquias reais ou criadas pelo olhar humano, devemos procurar sentir, compreender e amar cada ser vivo em si mesmo e na inteireza da dimensão através da qual cada ser da vida participa da experiência da vida.

Compreender e amar cada ser e cada espécie de ser *com* e *entre* e, não *diante de* outros seres.

Devemos aprender a estabelecer relacionamentos com cada tipo de Ser Vivo de maneira tão independente quanto possível de alguma escala de valores. Principalmente quando essa parte de valores utilitários.

Tudo o que é medido pela sua utilidade e não pela sua possibilidade de comunicação de alguma maneira já foi roubado daquilo que é pelo simples fato de ser e de estar aberto a comunicar-se com a vida e com seres da vida.

Segundo

Semear, plantar e cuidar de árvores sobre todos os cantos da Terra.

Um dia todos nós fomos isto: uma semente. E em um outro dia a decomposição da matéria física do nosso eu haverá de ajudar outras sementes a gerarem a vida dentro ou acima da superfície da terra.

Em alguns outros momentos, aqueles dentre nós que têm filhas e/ou filhos geraram sementes vivas que se tornaram vidas.

De todas as coisas que podemos fazer enquanto estamos vivos aqui na Terra poucas serão tão fecundas e tão sagradas quanto semear plantas e plantar árvores. Semear e cuidar para que cresçam e possam viver os seus destinos.

Cada pequena árvore que sai de uma semente e cresce concentra em si toda a vida da Terra. Semear qualquer planta e fazê-la crescer e participar de seu destino é um milagre ao nosso alcance, todos os dias. É um milagre disponível e é um verdadeiro bem.

Semear qualquer planta é um gesto de um deus realizado através de uma pessoa, da terra e das energias da Terra. É, como qualquer milagre aparentemente muito maior – como o nascimento de uma estrela –, um gesto criador. É como gesto que cria a vida, que recria uma existência, um ato solidário de amor.

Em geral plantamos pensando em uma utilidade. Uma utilidade prática, como obter frutos ou madeira. Uma utilidade poética, como conviver com a beleza das flores que abrem. Mas quase sempre uma utilidade.

Plantamos o que é nosso (as sementes que compramos ou a muda que ganhamos), no que é nosso (nosso terreno, nosso jardim) e para o que é nosso para que possamos sentir e dizer a nós e aos outros: "essa árvore que plantei no meu quintal é minha". Planto para ser "meu" e para que eu me sinta mais eu mesmo ao possuir a algo mais. Mesmo que seja uma árvore. Mesmo que seja uma flor.

E assim entramos no milagre da vida como um bom homem de negócios.

Saberemos aprender a plantar para os outros? Plantar a árvore cujos frutos não provarei. Em cuja sombra nunca estarei deitado.

De cuja madeira não obterei proveito algum. Semear a vida para que outros desfrutem "dessa" vida.

Assim, plantar para todos e ninguém. Plantar para que haja mais vida na Terra através daquela árvore.

E plantar uma árvore pela árvore. Por ela mesma e nela mesma. Plantar, cuidar e ir embora sem olhar para trás. Deixar para os outros. Deixar para a vida. Deixar para ela mesma, a árvore que se plantou a si mesma através de mim. Uma árvore que não é minha em um duplo sentido. Não é minha porque não é minha obra sobre a natureza. Fui apenas um instrumento. Não é minha porque não a possuo, mesmo que tenha sido eu quem a plantou. Ela é livre e independe de mim. Não a possuo, não a utilizo e nem a contemplo como dono ou autor. Eu me comunico com ela, tão livre dela quanto ela de mim. Por isso podemos nos amar.

O Dom da Vida tomou as minhas mãos e semeou uma árvore. Não fiz mais do que a terra que nutriu a planta de que saiu a semente. Não realizei mais do que o vento que levou longe uma semente que dias depois eu encontrei. Não sou mais para ela do que a água que ela transforma na seiva de que se nutre. Ela se nutre das energias da mesma fonte de que eu me nutro. Assim somos parceiros de destino e apenas isso.

Que as árvores se plantem através de nós!

Terceiro

> Defender os elementos naturais, priorizando as nascentes e não poluindo o ar que se respira, economizando também a água e a energia em todos os afazeres cotidianos.

Cuidar da Natureza com "zelo e carinho" (Herbert Marcuse) é um outro modo de participar da maravilha da criação.

Pois uma gota d'água é todo o Cosmos. E um filete de águas claras é toda a água do Mundo. Uma porção de ar puro purifica a Terra toda.

Tudo está em tudo e cada mínima fração da vida constrói o Todo da Vida. Um pequeno riacho que seca mata de sede o Mundo inteiro.

Toda a Natureza nos antecede.

Toda a Natureza nos envolve e tudo da Natureza está em nós. Ela não é a "minha casa" e nem o meu "quintal cósmico". Ela sou eu! (Karl Marx na epígrafe de *A natureza da paz,* neste livro).

A única diferença entre um punhado de seixos brancos de um riacho e os meus dentes é que provisoriamente os meus dentes estão na minha boca. Algum dia adiante pode ser que a poeira de uma estrela, as cinzas de um osso de onça e a matéria transformada de meus dentes se unam para fertilizar um Jacarandá.

Não é porque nós "dependemos" da Natureza ou porque ela nos é útil, nos "encanta" ou nos maravilha que devemos zelar pela sua integridade e pela de seus seres.

Devemos cuidar do corpo natural da Terra da mesma maneira como cuidamos do nosso próprio corpo. E de uma maneira e com um sentido mais "natural' ainda. Devemos tratar tão bem quanto possível de uma e do outro pelo simples fato de que ambos existem. De que "estão aí" nos tempos e nos espaços de um mesmo misterioso existir. Porque ambos são o que existe e são aquilo dentro do que a minha própria existência se realiza a cada instante.

Todos os seres da vida compartem conosco a mesma viagem, cada um a seu tempo, cada um em seu ritmo.

Tudo o que está no Mundo Natural não existe a nosso serviço e nem para nossa propriedade ou para nossa utilidade. Ainda que possamos, mais como um gesto de troca do que como um ato de poder, lançar mão de seres, a quem damos de vez em quando o nome de "coisas" da Natureza para o nosso proveito, devemos conviver com aquilo que tomamos dela para nós como uma dádiva e não como um direito de apropriação.

Tudo o que existe, da pedra à planta, da planta ao pássaro, do pássaro ao pedro (porque somente ele deveria vir com maiúsculas?), existe em si e por si mesmo, existe não para nós, mas em nossa companhia em um momento de nossa existência corpórea no Planeta. Eles e nós somos todos companheiros de destino.

Quarto

> Vestir e alimentar-se com simplicidade, de forma a não explorar em excesso os recursos naturais. Reciclar os artefatos industriais para não desperdiçar o que foi tirado sem nenhum respeito do seio da Natureza.

Devemos ser simples como a Vida para merecermos ser bons, belos e verdadeiros como ela é.

Tudo o que pode ser consumido deve ser vivido como o momento de uma troca entre nós e a Natureza. E, assim, dentro de seus ritmos e de suas escalas tudo o que pode ser "produzido", "coletado" e "usado" deve ser "desfrutado" com simplicidade. Todo o desperdício evitável reflete um sinal exterior (de relação entre alguém e a natureza) e interior (de relação entre alguém e si mesmo) de desequilíbrio. Revela uma desarmonia dentro de nós, entre nós seres humanos e entre nós e as dádivas da Natureza.

De alguma maneira, tudo o que existe na Natureza está melhor em seu estado natural do que quando transformado em artefatos ou equipamentos industriais, artificiais.

O que necessitamos está harmonicamente à nossa disposição, não como "senhores do mundo", mas como "irmãos do universo".

Quinto

> Não separar o Ser Humano da Natureza. Isto além de impossível, irracional e ilógico, vem causando a destruição da sensível biosfera do planeta. Em contrapartida, criar um Novo tempo para vivenciar com reverência a relação com os elementos naturais que fazem parte de nosso corpo físico, mental, emocional e espiritual.

Vivemos entre fronteiras.

Estamos sempre ocupados em estabelecer limites e edificar barreiras para apoiar nossas separações, nossas oposições. A palavra "nosso" não raro tem mais valor entre nós (e contra nós) do que a palavra ... "nós".

E nós nos acostumamos a sermos seres sempre separados de tudo o mais que existe. Desenhamos o "real" como uma escala, como uma escada. E nos colocamos no penúltimo degrau mais alto. No último, o mais alto "fora da Natureza" estão os anjos e Deus à nossa espera... "desnaturalizados". Isto é, desnaturados de sermos humanos para sermos uma imitação indevida e infeliz de anjos. Um beija-flor existe. Anjos existem?

Pois aí nos colocamos. Abaixo de Deus e da tribo dos anjos e acima de tudo o mais que, sendo vivo, não é humano.

Ao lado desse reconhecimento ontológico sobrepomos um outro, ético: tudo o que existe e está no Mundo conosco existe em função de nossa existência. Logo, existe para nos servir como um objeto e não para ser relacionado, como um outro "sujeito natural". Nós nos reconhecemos como senhores de tudo o que há abaixo dos anjos e acima do átomo.

Essas são idéias e imagens ilusórias. São distorcidas porque estão fundamentadas em uma compreensão totalmente utilitária a respeito de nós mesmos, a respeito da Vida e a respeito da qualidade natural de nossos relacionamentos com a Vida e com todos os Seres da Vida.

Dentro de uma visão sempre escalar, é como considerar que a planta que nasce da terra é superior à terra que a nutre, assim como a borboleta que poliniza a planta é superior à planta e à sua flor. Do mesmo modo como o pássaro que come a borboleta é superior a ela. Do que resulta que o ser humano que pode caçar o pássaro, pintar o pássaro ou criar um nova espécie de pássaros, é superior a todos eles.

Não seria mais generoso e mais inteligente substituir essa escala-em-escada por uma ampla escala-em-um-andar? Assim, em vez de pensarmos em hierarquias de seres da Vida em andares do mais "inferior" ao mais "superior", regidas por critérios de desigualdade, porque não imaginarmos círculos convergentes de seres e de espécies de seres distribuídos entre cenários regidos por critérios de diferenças entre iguais em valor, diferenciados por qualidades próprias e não sujeitas a comparações de escala vertical?

Pois na Teia da Vida somos todos eixos, somos todos elos e somos todos pontos de entrecruzamento, aberturas efêmeras a relações, caminhos e caminhantes, co-autores da aventura múltipla de um mesmo diferenciado caminhar.

Não valemos pela qualidade do que somos ou pensamos ser, isolados de outros Seres Humanos e separados de outros Seres da Vida. Isolados, separados e opostos. Valemos algo sempre no plural. Pelo *nós* que conseguimos criar e ser a cada momento de nossas trajetórias de vidas. Não "temos", como quem possui, mas "partilhamos" algum valor pela maneira como nos unimos ao que existe e ao que está vivo para participarmos da "vivência da vida".

Cada um de nós individualmente, e toda a espécie humana, é um ser em relação com os outros e com todas as alternativas do que existe direta ou indiretamente presente em momentos de nossos círculos de Vida. Seres vivos como nós, ou vivos em outras dimensões da Vida, de que experienciamos e conhecemos apenas algumas poucas dimensões.

Dependemos da Terra mais do que uma planta. Podemos deixar de existir nesta dimensão de Vida e ela estará aí, à espera de outros seres.

Devemos considerar ainda que tudo o que existe como matéria e como energia (não raro como uma na outra) do nosso Mundo – aqui na Terra e para além dela, em direção às Estrelas ou ao Céu – não se irmana conosco e não nos irmana como seres humanos apenas em uma dimensão material de nosso ser e de outros seres.

Bem pouca coisa somos se nos colocarmos em relação-com-os-outros medindo a natureza das relações entre "nós" e "eles" segundo critérios de valor-utilidade. Se para nossos gostos uma arara "vale mais" do que um urubu porque é mais bela ou menos "nojenta", será que esse é um critério de validação de "dignidade da vida" de acordo com os critérios da própria Vida? Se ela que ela também lida com critérios.

Tudo o que "vale alguma coisa" vale pelo modo como participa também espiritualmente de dimensões de interações de tudo o que existe e do todo da existência.

Podemos nos dar conta de que uma espiritualidade envolvente e crescente nos abarca e nos une a todos e a cada um dos Seres da Vida e do Mundo.

A alma de tudo é a alma do Todo de que somos uma pura forma do Ser. Mas não existe ser algum a não ser quando e através do estar-em-relação.

Sexto e Sétimo

> Tratar as crianças e os adolescentes com grande compreensão pelas Vidas que agora começam a brotar. O respeito a estes seres inclui também: valorizar a intuição, a criatividade e os estados de pureza ao compartilhar com eles ações e decisões importantes, já que serão o futuro, a Nova Humanidade.
>
> Tratar os mais vividos com afetividade e respeito, pela grande maturidade das experiências acumuladas durante suas existências, compreendendo, também, as eventuais cristalizações de suas idéias.

As crianças e os idosos são semelhantes em uma coisa: eles são seres mais próximos da origem da vida.

A crianças porque mal emergiram dessa fonte; os idosos porque estão mais próximos do que os outros do cumprir integralmente o seu tempo de existir neste plano em que compartimos com eles uma dimensão da Vida, e se despedem pouco a pouco dela.

Crianças e idosos, mais do que jovens e adultos, são seres nas duas pontas da Energia da Vida. Existe neles uma qualidade adicional de sacralidade além daquela que existe em todos nós e em cada um de nós, pelo simples fato de estarmos "aqui" e convivermos "assim".

Eles não devem ser tratados com um cuidado redobrado apenas porque são mais frágeis. Há neles uma "aura de vida" que deve exigir uma atitude reverente, muito mais do que apenas "cuidadosa".

Depois, tal como um dia escreveu um velho índio no que veio a ser depois os Estados Unidos da América do Norte: "Nós não herdamos a Terra dos nossos antepassados. Nós a tomamos emprestada aos nossos herdeiros".

Oitavo

> Praticar solidariedade com os doentes e empobrecidos, dando alimento em todos os níveis aos que têm fome de comida e sede de libertação.

Aqueles que possuem ou parecem possuir menos ou muito menos do que nós, apenas deixaram de ter ou de possuir e acumular, como nós, aquilo que nos sobra. Ou apenas coube a eles o que nós logramos tirar deles.

Pois em algum outro lugar o mesmo Gandhi diz mais ou menos isto: "tudo o que eu possuo e não uso é um roubo". É um furto, sendo mesmo o produto de um assalto a outras pessoas ou a outros seres da Vida.

Devemos a eles o seu quinhão de partilha e a frase radical de Gandhi poderia ser completada: "a menos que tudo o que possuo e, de maneira especial, aquilo de que não necessito seja colocado à disposição dos outros".

E houvéssemos conseguido construir um mundo solidário e harmonioso, não haveriam as sobras que nos pesam e nem as carências que os fazem sofrer. Cada qual herdaria ou teria por direito a sua parte ou o seu quinhão comum dentre os bens da Terra e os bens da Cultura, muitos deles realizados como transformações devidas ou equivocadas de bens da natureza.

Não se trata apenas de possuir o necessário a cada dia da vida de uma vida simples. Pois alguém pode deixar-se viver uma vida muito simples e ser uma pessoa muito egoísta do pouco que possui. Trata-se de colocar os bens possuídos dentro do círculo das trocas de todos entre todos. Deixar que fluam na rede infinita das disponibilidades.

Trazer a regra do eixo, do elo para o domínio da posse. Nada é meu, eu não possuo coisa alguma. As coisas e os poderes efêmeros passam por mim em direção a todas e todos com quem partilho a maravilha da Vida.

A questão é: o que eu tenho de meu é retido por mim? Ou o que eu possuo está colocado na rede das teias das trocas através de mim?

E o que eu tenho hoje pode tranqüilamente deixar de ser "meu amanhã"?

Nono

> Respeitar com compaixão as manifestações políticas, religiosas e culturais que levem ao Caminho da Liberdade, pois ninguém e nenhuma instituição são donos da Verdade Absoluta.

Não há credo único. Nenhum mantra é perfeito e nenhuma verdade é absoluta em qualquer plano.

Cada pensamento, cada sonho, cada idéia, cada crença é uma fagulha. É um pequeno espírito de desejo de comunhão ou de conspiração contra ela.

Até mesmo as minhas palavras mais essenciais: paz, amor, liberdade, solidariedade, vida são construções de símbolos, pessoais ou coletivos, efêmeros, perecíveis. Servem para criar diálogos, para estabelecer a construção livre de consensos, ou não servem para nada. A não ser para impor algo a alguém, o que é o oposto do que os sentidos humanos pretendem traduzir.

Será através do absoluto respeito – mais do que a simples "tolerância" – para com as crenças e as idéias (e também os sonhos, os devaneios e os imaginários) *de* outros e *dos* outros que poderemos alcançar pontos em comum e um "chão de diálogo".

Devemos querer acreditar que com o tempo todos os credos e todas as idéias que foram e estão sendo erigidos como uma verdade imposta e absoluta acabam desmoronando. Só o que é partilhado e construído a partir do diálogo entre diferenças e através de diferentes poderá prevalecer.

Décimo

> Partilhar a responsabilidade da boa palavra e do calmo pensar; o lúdico do brinquedo; a alegria da amorosidade; o lúcido do discernimento, na construção de uma Nova consciência para todas as formas de vida. Nelas, estão vibrando as sutis partículas de Inteligência Divina e tudo é parte do todo, vibrando na mesma pulsação do Eterno, que dá Vida ao Ser da Terra.

De muitas maneiras podemos estabelecer bons relacionamentos conosco, com as outras pessoas e com os outros seres da Vida e do Mundo.

Uma delas é a responsabilidade pela "boa palavra". A boa palavra é a busca solidária do bem e da verdade. De verdades, se possível. Se necessário.

Podemos partir do princípio de que Paz, Verdade, Bondade e Beleza não constituem coisas perenes, estabelecidas desde há muito tempo. "Coisas" criadas por nós e impostas depois a nós mesmos, a espera de serem servidas e seguidas, do mesmo modo e para sempre.

Elas são, como tudo o mais que nos toca e sai de nossas mãos, de nossos desejos e de nossas mentes, construções humanas, criações culturais no fluir das histórias de povos e de eras.

São algo que nos toca sentir e compartir a cada instante. Algo que existe apenas entre rostos, em meio a gestos, entre ato, dentro de corações e através de idéias igualmente construídas e partilhadas. Enquanto elas são co-vividas entre pessoas que se encontram na liberdade e na busca comum de sentido e de partilha da Vida.

A inteligência humana, presente em tudo todo o tempo, reclama a nossa procura o tempo todo.

O calmo pensar proposto por Gandhi é o sentimento da mente disposta a compreender com amor e a relacionar idéias com um sentido de harmonia e disposição absoluta ao diálogo em todas as suas dimensões, em todos os momentos.

Décimo primeiro

> Comprometer-se a vivenciar e compartilhar estes onze pontos em nome da PAZ na Terra, porque conhecer + praticar = sabedoria. Pela dádiva de nosso livre-arbítrio, somos responsáveis por tudo o que acontece conosco e com o que nos rodeia e estamos aqui para sermos solidários e sábios, harmoniosos e belos, luminosos e felizes.

Esses pontos poderiam ser sete ou dezoito. Ou poderiam ser outros, ditos de outra maneira, desde que dirigidos à construção da paz. Uma paz para além do mero "contrato social". Uma paz preocupada em estender a vigência dos direitos "humanos" à liberdade e à felicidade, a todos os seres que compartem conosco a Vida e o Mundo.[1]

Notas

[1] Esses onze pontos estão inspirados nos princípios de não-violência e foram vivenciados durante toda a existência de Mahatma Gandhi. No começo do século XX ele lançou, na sua Campanha pela Libertação da Índia, os onze pontos de não-cooperação com o governo colonial britânico. A proposta dos onze pontos de cooperação com a vida transcrita aqui, foi tomada de um documento distribuído pelo Movimento Artistas pela Natureza, de Brasília, coordenado por Bené Fonteles.

A paz ou a barbárie?

no meio do caminho ou à beira do abismo?[1]

Pensar a educação, hoje, exige uma sensibilidade generosa que perceba a pluralidade das compreensões e a liberdade criadora dos sujeitos; que acolha uma cultura do sentimento onde o que é experimentado com outros é primordial e o laço social torna-se emocional; que reconheça a história social dos usos e das interpretações, inscrita nas práticas específicas que a produz; que identifique as condições e os processos que sustentam as operações de produção do sentido, reconhecendo que nem as inteligências nem as idéias são desencarnadas.

Malvina do Amaral Dorneles[2]

Ser educador é, neste sentido, essencialmente ajudar cada homem e mulher a se encontrar com a sua vocação. O educador usa as palavras para fazer nascer mundos e criar projetos.

Danilo R. Streck[3]

O título oficial deste capítulo deveria ser: Cultura e educação. Lembra um nome a cada dia mais costumeiro e revela uma aproximação tardia, mas ainda a tempo, entre a antropologia de que venho e a educação, para onde estou sempre indo. Lembra também, lido quase às avessas, o título de um livro meu que tive a alegria de ver reeditado, acrescido de antigas fotos de crianças indígenas, que tirei quando vivi no México no hoje já distante ano de 1966. O livro se chama: *A educação como cultura.*

Mudei um pouco o título, para que ficasse mais sugestivo e mais próximo ao teor do tema – ou ao dilema, melhor dito. Mas mudei em apenas pouca coisa as palavras e as idéias que desejo partilhar com vocês.

Vamos lá. Caminhemos juntos.

A primeira idéia

Em tempos de globalização de economias, de poderes imperiais e de imaginários sociais tão diferentes, tão divergentes, talvez estejamos nós, seres humanos, no fim do caminho de nossa história e à beira do abismo. Alguns especialistas em conceber alternativas de colonização humana do futuro a partir de uma análise acurada do presente adiantam que não temos mais nem cinqüenta anos para decidirmos – entre guerras e promessas de paz – se vamos destruir ou reverdecer a nossa nave-casa, o Planeta Terra.[4] Se vamos exauri-lo do que não se renova mais e se vamos polui-lo do que um dia não poderá ser mais purificado, a ponto de destruirmos os fundamentos naturais da Vida e, assim, a própria Vida na Terra, incluída aí a nossa. Ou se iremos reverter esse caminho. E sair da beira do abismo e voltar à beira do caminho de uma humanidade afinal apaziguada e harmoniosa em suas relações com o Mundo, com a Vida e consigo mesma.

Nenhuma outra geração viveu de maneira tão aguda esse dilema como a nossa. Nenhuma outra precisou desenvolver uma consciência tão desesperada e tão esperançosa a esse respeito. Nenhuma outra teve nas mãos o poder de gerar a própria morte ou de recriar a própria vida.

A segunda idéia

A face oculta e sempre bem disfarçada na imagem que os emissários do império dos negócios a apresentam aos nossos olhos é que a estrutura dos processos sociais das relações entre os seres humanos e a natureza e dos seres humanos entre eles próprios, individualmente, em grupos, em classes, em povos e em nações-Estado chegou a um ponto tal que as desigualdades originadas pelo modo neocapitalista de colonização do presente e do futuro tornaram-se elas próprias permanentemente estruturais e não conjunturalmente passageiras.

Bem sabemos que não há projeto algum de desenvolvimento socioeconômico, em escala nacional, para os países e povos do Terceiro Mundo, ou em escala planetária, que venha a possibilitar uma distribuição justa e eqüitativa dos bens naturais socializados pela cultura humana. Que venha a possibilitar um desenvolvimento quantitativo e qualitativo de bens e de recursos iguais para Portugal e para a Índia. O Primeiro Mundo sabe que só poderá manter e acelerar o ritmo de desenvolvimento em direção a uma consolidação de hegemonias econômicas e de um restrito incremento de padrões de qualidade de vida sobre a reprodução, e até mesmo o incremento da desigualdade e da miséria em sua própria sociedade e, sobretudo, nas do Terceiro Mundo.

Em suma, o lado Norte e Ocidental do mar Mediterrâneo só pode preservar e ampliar o seu poder de apropriação dos recursos da natureza, em nome de um desejado desenvolvimento da Comunidade Européia, através do empobrecimento e do aumento da miséria e da desigualdade social no lado Sul e Oriental do mesmo mar. Ainda: se em dez anos a China e a Índia alcançarem um índice de qualidade de vida equivalente ao do Chipre e da Islândia, os recursos naturais do Planeta deverão se exaurir em um tempo cinco vezes mais breve do que aquele que já nos ameaça.

Conclusão provisória: só podemos pensar com seriedade em um mundo mais solidário, mais justo e mais eqüitativamente saciado e feliz se antes descobrirmos um padrão universal de vida sustentável. Ele implica, sabemos todos e cientistas mais lúcidos e a própria ONU o tem dito vezes seguidas, uma mudança ética e também de cultura política entre todos os povos. A começar por aquele que agora nos ameaça erigir-se como um Império de domínio absoluto sobre a natureza e de hegemonia política e militar sobre todos os povos do Planeta.

Repetidas vezes Leonardo Boff propôs um processo humano de *planetarização* oposto em tudo ao processo político-econômico de *globalização.* E é ele quem tem nos lembrado desse dilema tão presente: destruir o Mundo ou acabar com a vigência "deste mundo"?

A terceira idéia

Em nome de oposições entre interesses de dominação do processo de socialização da natureza e da utilização de seus recursos, assim como da consolidação de hegemonias sociais no enfrentamento entre pessoas, povos e nações pelo controle dos recursos naturais, multiplicamos conflitos em várias escalas em nome do controle das fontes de matéria e de energia. Lutamos entre nós para decidirmos com o poder das armas ou com a ameaça direta ou velada do poder das armas, para dominarmos não apenas a natureza, mas para estabelecermos, em nome de sua transformação em bens e em artefatos da cultura, a própria dominação entre pessoas, classes sociais e povos da Terra.

Resulta cômico e trágico, ao mesmo tempo, que os resíduos de corpos de animais e de vegetais da pré-história, sob a ação de milhões e milhões de anos de transformação, gerem hoje o petróleo. Um líquido viscoso e de mau odor, que retirado a grandes custos humanos do interior do Planeta, move nossos carros e a chama de nossos fogões. Mas mobiliza, antes de chegar como uma coisa natural transformada em um bem cultural, as bolsas de valores, as políticas do G8 e os mísseis inteligentes da marinha dos Estados Unidos da América do Norte.

De outra parte, ao mesmo tempo em que a Organização Mundial do Comércio luta para que a água da natureza seja considerada daqui em diante não mais um bem natural a ser generosamente partilhado pelos humanos, mas uma mercadoria como o petróleo, apropriável por quem possa explorá-la comercialmente e disponível a quem possa pagar por ela, a Organização das Nações Unidas conclama a humanidade a relacionar-se de maneira sustentável com a água. E ela diz isso na mesma medida em que lembra que os próximos conflitos regionais e mundiais poderão ser originados em nome do poder de possuir e consumir água.

A quarta idéia

Não nos entendemos, os seres humanos, e nem nos conflitamos apenas por petróleo, urânio, terras aproveitáveis e, num futuro próximo, à beira do abismo, por água e ar. Lutamos uns contra os outros, povos diante de povos e nações contra nações, por causa de nossos símbolos e significados. Nós nos enfrentamos não somente pelo petróleo, mas pelos símbolos e sentidos culturais com que cada povo atribui significado e valor a: petróleo, carro, fogão aceso, comida na mesa, oração antes da comida e assim por diante.

Bem sabemos que o petróleo, uma coisa da natureza, foi ao longo da história humana e segue sendo visto, percebido, classificado e significado por nós, na diferença de cada tradição cultural, como elo de um complexo da teia de tramas de palavras e frases com que construímos também o mundo humano que habitamos e ao qual damos um sentido.

Lutamos por estabelecer a paz e ao mesmo tempo lutamos uns contra os outros também por causa das diferenças que deveriam nos irmanar. Por nossos valores, nossas supostas verdades e nossos saberes.

Não somos apenas quem-tem-o-petróleo *versus* quem-quer-o-petróleo. Somos – e com isso procuramos dar sentido até mesmo às mortes cruéis que provocamos entre os "nossos" ou "nos outros" – muçulmanos ou cristãos, árabes (mas eles são múltiplos, são tantas variedades) ou norte-americanos idem, idem). Somos "os guardiões xiitas da verdade santa do Deus Único" ou somos os "legítimos herdeiros das tradições cristãs e, por isso mesmo, universais de toda a humanidade". Não nos matamos e nem nos exploramos uns aos outros, uns através dos outros, por petróleo e nem faremos isso algum dia por água. Nós fizemos e seguimos praticando isso por causa dos sentidos que damos tanto a petróleo e água como a "coisas" que cremos ser ou com que revestimos o nosso ser, um tanto mais etéreas e variáveis, mas nem por isso menos realizadoras da concretude da história e do cotidiano de nossas vidas. "Coisas" que somos nós, como: pessoa, ser humano, criança, homem e mulher. Ou valores entre os quais se movem esses entes da natureza transformados em seres da cultura através de conhecimentos e valores como: humanidade, identidade, liberdade, igualdade, solidariedade, justiça e, como o lugar de síntese de tudo isso: felicidade. Mas, também: desumanidade, humilhação, submissão, desigualdade, exclusão, injustiça e infelicidade.

Enfim, em tempos de recriação pós-moderna do Império, lutamos e sonhamos a paz em nome do domínio social da natureza e através de diferenças de símbolos e significados com que, por meio da cultura, atribuímos significados à natureza, a nós mesmos – entes biologicamente naturais transformados por si mesmos em seres socialmente culturais – e àquilo que, ao ser transformado de coisa da natureza em bem de cultura, transforma a nós mesmos em criadores *da* e criados *pela* cultura de que somos pessoalmente parte e partilha.

Quase como em uma aula para crianças, gosto de brincar com a letra S e dizer que somos quem somos porque criamos, para viver, os seis "esses" da experiência da cultura: *símbolos, saberes, sentidos, significados, sensibilidades* (todo o sentir é também cultural) e *sociabilidades* (a capacidade humana de não apenas existir em uma sociedade biologicamente dada e pré-definida, como as dos os macacos, nossos parentes próximos, mas de criar e recriar arbitrária, como uma escolha entre outras, e culturalmente a sociedade em que existe.

A quinta idéia

Também com a *educação* acontece a mesma coisa. E um paralelo entre ela e a água pode ser bem oportuno. Sabemos que enquanto a água é um recurso da natureza que a cultura humana socializa e transforma em um valor, em um bem, a educação é um puro bem da cultura. Tanto assim que, em sua forma tal como diferencialmente é praticada por nós, somente nós, seres humanos, a criamos, possuímos e desfrutamos.

Desde séculos acreditamos que como a água, a educação é um bem e é um direito humano. Mas tal como com a água, a Organização Mundial do Comércio, em uma de suas assembléias, decretou que a educação deve passar a ser universalmente considerada matéria de negócio. Como uma mercadoria. Como algo que, tal como o petróleo e o automóvel, tem a sua lógica em que pode ser apropriada e vendida por quem puder "produzi-la e distribui-la", e adquirida ou comprada por quem precisar consumi-la.

Dois recentes documentos dirigidos a toda a comunidade internacional de educadores foram postos nas ruas e nas livrarias nos últimos anos da década, do século e do milênio. Tenho feito referência a eles de maneira seguida e tenho insistido que há um proveito muito grande em lermos não um deles, em geral o que foi publicado entre nós como um livro, mas os dois. Os dois juntos, um através do outro. Um deles foi encomendado pelo Banco Mundial a uma equipe de economistas e de educadores. O outro foi encomendado pela Unesco a uma equipe de filósofos, de cientistas sociais e de educadores. Em um outro livro, *A educação popular na escola cidadã,*[5] faço maiores referências a eles. Aqui quero me limitar a alguns aspectos culturais que nos importam mais de perto.[6]

Conhecemos já a junção da palavra "cultura" com outras, que a qualificam. Vimos em nota a expressão "cultura do risco" como qualificadora de nossa própria época e como definidora de projetos de colonização social do futuro. Somos convocados a conhecer e divulgar a amorosa e pouco dialogada proposta da Unesco em favor de um *élan* humano, ativo, criativo e solidário para a criação planetária de saberes, valores, significados e ações concretas e cotidianas em favor do entendimento entre pessoas e povos e em nome da esperança da supressão dos desentendimentos, conflitos e guerras. De igual maneira, podemos imaginar que no pólo oposto a esse chamado à construção partilhada de uma utopia planetária existe um projeto político com pretensões a se tornar hegemônico, cujo fundamento é bem o oposto de uma *cultura da paz.*

Pois ele deve partir do princípio de que a construção social do presente e a colonização do futuro serão cada vez mais fundamentados em: a) a reiteração e a legitimação da desigualdade na distribuição nacional e universal do poder político e da posse e gestão dos bens transformados em mercadorias; b) o incremento e a consagração como fonte de valores, de processos culturais de classificação arbitrária de tipos de atores sociais, acompanhada da desqualificação e exclusão social de proporções crescentes de seres humanos, em favor da hiperqualificação e inclusão de minorias de pessoas, de povos e de nações; da submissão de pessoas e povos a pessoas e povos; c) a elaboração de imaginários de qualidade e de excelência – referidos inclusive e principalmente à educação – fundamentados sobre o primado da informação reiterativa e robotizante; a capacitação instrumental para o exercício de ações produtivas de proveito ao mundo dos negócios; a competitividade como estratégia básica de relações e o sucesso na vida como meta na aquisição do saber e como motivação pessoal e moral para o exercício do trabalho.

A sexta idéia

Ora, muito bem (ou muito mal, por enquanto). Temos o conhecimento e, como educandos e educadores, temos a experiência vivida de que em plano local, regional, nacional ou mesmo planetário todos os cenários em que de alguma maneira se programa, se realiza e se vive a educação como um projeto culturalmente intencional, dotado de propósitos, de políticas, de metas, de estruturas sociais de processos e de procedimentos, de atores sociais especializados ou especializandos, de tempos e de espaços próprios ou apropriados para o seu exercício existem hoje em dia, mais do que nunca, dentro do marco de uma tal polaridade. E os dois documentos dirigidos à comunidade internacional de educadores é apenas uma entre outras imagens desse dilema tão humano.

Não é só, e nem deveria ser, na oposição entre escola pública *versus* escola particular que esse campo de opostos deve ser visto como presente e como um divisor de águas e de idéias e imaginárias.

Por toda a parte convivemos com uma educação signatária – com variações bem amplas e diversas de estilos e de motivos para a assinatura – de um projeto de uma vocação de *culturas da paz*. Uma educação dirigida ao aprendizado progressivo da comunicação, do diálogo e da solidariedade. Da criação de pessoas, de mentes e de sensibilidades dotadas e um espírito crítico, criativo e generosamente co-responsável. Pessoas educadas e formadas para submeterem o aprendizado de uma capacitação profissional produtiva a uma educação-de-si mesmas como criadoras e transformadoras ativas do presente e do futuro utópico do mundo ao mesmo tempo cotidiano e histórico onde vivem suas vidas e onde, ao vivê-las, exercem em nome de suas comunidades de destino, e não do mundo dos negócios, o seu trabalho profissional.

Walter Benjamim gostava de opor a um lado dos negócios, próximo ao lado da morte e da barbárie, um *lado da vida*. Quero pensar um tal múltiplo projeto de uma educação fundada em tais idéias e propostas como uma *educação do projeto da vida*.[7]

Por toda parte vemos à nossa volta a proposta de uma educação dirigida a valores e motivações culturais diferentes e mesmo divergentes das que aspiram não apenas uma década, mas uma humanidade da *cultura da paz* ou do *projeto do lado da vida.*

Ao escrever como antropólogo afeiçoado a anos de pesquisas e de estudos sobre culturas populares, mas também ao longo de todos esses, como uma pessoa sempre associada à educação, quero tomar essa expressão, que poderia ser também de uma *educação para a vida,* em todo o seu sentido ao mesmo tempo mais poético (como *poiésis,* paralelo e em parte oposto à *teckné,* dos gregos) e mais realista. Quero pensar uma educação cujo destino não é somente a formação de pessoas com as características tradicionais do "sujeito cidadão", a respeito de quem ocupamos até aqui tantas páginas e tantas horas de diálogos.

A sétima idéia

À direita e à esquerda de qualquer projeto de educação, dentro de qualquer projeto de cultura para a preservação ou a transformação de qualquer projeto de sociedade, foi dito e lembrado que nossa época planetária caracteriza-se por ser a *era do conhecimento.*

Teríamos chegado ao momento da ampla e múltipla história cultural da humanidade em que deixamos de ser quem somos por causa do trabalho que exercemos na socialização da natureza para sermos quem devemos ser em função dos saberes que aprendemos e seguimos aprendendo a criar, a multiplicar e a difundir.

Mas da maneira como acontece com as duas opções polares de escolhas de uma *vocação da educação,* também aqui estamos diante de um mesmo livro, lido de maneiras divergentes. Em uma direção, a da *cultura de informação*, fundamento de um espírito de competência e da competição compatível com os interesses e valores do mundo dos negócios, "conhecimento" é lido justamente como "informação". Como a produção agenciada e centralizada de saberes e de competências utilitárias, cuja fonte prioritária de origem é a ciência e a tecnologia, e o projeto de educação resume-se à aquisição capacitadora de conhecimentos instrumentais do qual o destino é o mercado de trabalho do mundo dos negócios.

Em outra direção, a da *cultura da comunicação*, fundamento de um espírito de formação dialógica e de cooperação – portanto de *culturas da paz, da vida* – compatível com os imaginários e valores do mundo da vida, "conhecimento" deve ser lido como "consciência". Como a criação não-centralizada e fundada na troca, na partilha e no diálogo entre saberes e valores provenientes do campo de sentidos e significados de diferentes culturas, de diferentes tradições de uma mesma cultura e de diferentes pessoas e estilos de ser e de viver dentro de uma mesma tradição. Saberes instáveis, complexos e com horizontes transversais e transdisciplinares, cuja fonte prioritária provém da integração humanizadora de diferentes campos da ciência e da tecnologia. E provém da interação entre ciências, artes, espiritualidades e outros sistemas culturais de saber e de sentido, deslocadas de qualquer centro de poder do saber e de poder do sentido. E provém, ainda, da consciência compartida da indeterminação dos saberes culturalmente construídos e do caráter essencialmente dialógico e efêmero de todo e qualquer sistema social de conhecimento, científico ou não. E, finalmente, cujo projeto de educação transcende em muito a pura e simples capacitação instrumentalizadora destinada à reprodução do exercício de atividades produtivas, e a subordina à formação de pessoas educadas na inteireza de seu ser. Isto é, educadas para descobrirem passo a passo suas vocações de pensadores-criadores de seus próprios saberes e sentidos, como atores sociais dialógica e responsavelmente co-participantes da perene atividade cultural de construção de destinos pessoais, de caminhos interativos e de mundos sociais da realização solidária da vida.

A oitava idéia

Retomando em síntese algumas idéias já aqui apresentadas, listaremos agora uma pequena série de valores-princípio de uma educação integrada em um projeto ao mesmo tempo local e planetário de *cultura da paz,* de uma *cultura da vida.*

1. A finalidade da educação é o *desenvolvimento humano* e não o *desenvolvimento econômico.* A pessoa humana e não o mercado de trabalho do mundo dos negócios é o seu destinatário, a razão de seu exercício.
2. Assim como o ser humano não se destina a coisa alguma terrena, assim também a educação da pessoa humana não está destinada além de si mesma. Não se educa para o trabalho, para o Estado, para o mercado ou mesmo para a vida. Educa-se para criar perenemente pessoas destinadas à aventura do saber. O saber e a criação (nunca a sua acumulação instrumental, como informação) pessoal e dialógica do saber é a razão de ser da própria educação.
3. Mas não há na proposta antecedente nenhum valor puramente iluminista. Se o destino da educação é a procura e a realização permanente e crescente do saber como exercício crítico e consciente da pessoa educanda e jamais educada (pois esse processo é por toda a vida), o destino do saber consciente e da pessoa educanda é o diálogo. É a ampliação do interminável diálogo consigo mesma, com os seus outros e com o seu mundo de vida.
4. A educação existiu e segue existindo sempre em um mundo de escolhas culturais de teor político. Ela deve procurar ser um instrumento da criação e consolidação de culturas políticas de construção (bem mais do que de "colonização") do presente e do futuro.
5. Assim, todo o projeto de uma *educação emancipatória* é a possibilidade de que os sujeitos educandos (entre os que aprendem-ensinando e os que ensinam-aprendendo) formem-se pessoas destinadas a se engajarem em frentes de luta social em nome da justiça, da solidariedade, da liberdade, da inclusão e, em suma, do direito universal de *partilha da felicidade* entre todas as pessoas e povos da Terra.

6. Diante dos novos horizontes abertos pelos novos olhares e pelos paradigmas emergentes em todos os campos da experiência humana com o saber e o criar símbolos, sentidos e saberes, a educação emancipatória deve abrir-se a todas as possibilidades e alternativas de novas e fecundas integrações de conhecimentos provenientes não apenas do campo da ciência. Já é tempo de reencantarmos a educação, de poetizarmos a escola e de espiritualizarmos o ensino.

7. Chegamos, entre acertos e tropeços, ao ponto em que estamos no processo cultural de hominização devido a dois princípios fundadores de nossas relações conosco e com os nossos outros. Eles estão fundados na emoção, tomada aqui como ordenadora das ações humanas – no sentido Humberto Maturana do termo –, e são os seguintes: a confiança e o amor. Convivemos porque confiamos no outro, confiamos porque o sentimento da essência do ser e do viver humano é o amor. É tempo da educação redescobrir a emoção como o ingrediente humano fundador da própria racionalidade, descobrindo no mesmo movimento o amor e a confiança como pressupostos de toda a pedagogia solidariamente emancipatória.[8]

8. A palavra "solidariedade" foi escrita aqui exageradas vezes. Ela e suas companheiras de sentido, como "partilha", "participação" e outras.

Estou convencido de que uma educação para um projeto vida e para a realização de culturas de paz e de partilha amorosa da vida e da felicidade deve fundar-se e deve estar dirigida a uma nova postura humana diante da vida. Precisamos urgentemente redescobrir os caminhos da simplicidade do existir. De um espírito de quase-pobreza como escolha de muitos, para que todos possam viver dignamente. Precisamos abrir mão de nossos bens, de nossos tempos, de nossos saberes e de nossas vocações para uma verdadeira, ativa e não apenas retórica partilha da Vida. Diante do mundo dos negócios que transforma todas as coisas em mercadoria, e que mercadoriza a educação e também as pessoas capacitadas para serem, elas próprias, produtos de compra-e-venda em um mercado em que o valor da pessoa é o seu valor de compra, é preciso criarmos teias e redes de vida solidária.

Se o mundo dos negócios tem demonstrado uma reiterada capacidade de criar e de impor a própria lógica como a do "único mundo viável", quando aprenderemos a opor a ele, com a prática cotidiana de nossas vidas, antes que isso se torne a estrutura relacional de nossas interações, a lógica solidária e amorosa destinada a sonhar e a tornar real "um outro mundo possível"?

Notas

1 Esse documento foi lido e comentado na conferência "Cultura e educação", compartida com a professora Rosa Maria Bueno Fischer, da Universidade do Rio dos Sinos, em São Leopoldo, na noite de 4 de setembro de 2003, como parte do III Congresso Internacional de Educação, com o subtítulo "Educação nestes tempos de império".

2 Em Danilo Streck, Introdução, Educação para um novo contrato social, Petrópolis, Vozes, 2003, p. 9.

3 Danilo R. Streck, op. cit., pp.134-5.

4 Conhecia vagamente esse conceito, mas o aprendi de maneira mais definida com a leitura de Anthony Giddens, Modernidade e identidade, Rio de Janeiro, Jorge Zahar, 2002. Depois de empregar o conceito em inúmeras páginas do livro, Giddens a define assim, no glossário de conceitos, p. 221: "Colonização do futuro: criação de territórios de possibilidades futuras, reivindicada por inferência contrafactual." Um pouco mais abaixo ele define cultura de risco da seguinte maneira: "Aspecto cultural fundamental da modernidade, em que a consciência do risco constitui um meio de colonizar o futuro". De outra parte, embora eu não tenha encontrado em minhas esparsas leituras de Edgar Morin, a idéia de que talvez só tenhamos 30 anos para decidir se prosseguimos vivos sobre a Terra foi-me dito que ele partilha e proclama esta idéia.

5 Carlos Rodrigues Brandão, A educação popular na escola cidadã, Petrópolis, Vozes, 2001.

6 O documento do Banco Mundial tomou o seguinte nome: Prioridades e estratégias para a educação – informe do Banco Mundial. Tem 194 páginas, foi editado pelo Banco Mundial em Washington, em 1996. Conheço a versão em espanhol. Miguel Soler Roca, um notável educador uruguaio, hoje residente em Barcelona, na primavera de seus 90 anos escreveu um excelente documento de crítica com o nome: El Banco Mundial metido a educador. O pequeno documento foi publicado pela Faculdad de Humanidades y Ciências de la Educación de Montevideo, em 1997. José Luis Coraggio, um latino-americano, excelente cientista social da educação, faz uma das melhores críticas à posição do Banco Mundial. Seu livro chama-se: Desenvolvimento humano e educação, São Paulo, Cortez, 1996. O relatório da Comissão da Unesco

durante algum tempo tomou entre nós o nome de Relatório Delors dado ao coordenador do grupo de estudos. Existe editado pela Cortez, de São Paulo, desde 1998, com o longo e sugestivo nome de: Educação – um tesouro a descobrir: relatório para a Unesco da Comissão Internacional sobre a Educação para o século XXI. O organizador da edição é Jacques Delors.

7 A mesma idéia vem de novo de um sociólogo, Anthony Giddens, que, pelo menos no livro aqui já citado, não cita Walter Benjamim. O último capítulo de Modernidade e identidade tem um nome quase benjaminiano: O surgimento da política-vida. E esse conceito será essencial. No mesmo glossário de conceitos que já visitamos, ele define assim a política-vida: a política de realização do eu, no contexto da dialética do local e do global no surgimento dos sistemas internamente referidos da modernidade. Está na página 222. O capítulo em questão começa na página 193 e chama a atenção o fato de que ao longo dele Giddens irá estabelecer um difícil paralelo entre a política-vida e a política emancipatória. A leitura de Giddens é desafiadora. Mas às pessoas acostumadas à escolha de alguma alternativa de políticas emancipatórias (que ele coloca no singular) – resulta a adoção de uma política-vida (também no singular) em uma possibilidade de dissolução de utopias solidárias de construção de "um outro mundo possível". Passamos do imaginário sociopolítico de transformação de mundos para o imaginário sociopessoal de transformação de estilos de ser e de viver dentro do mesmo mundo.

8 A idéia de confiança como um suposto básico das relações sociais é presente nos trabalhos de Anthony Giddens. Aparece no livro Modernidade e identidade, já citado aqui. A presença do amor como a emoção criadora da experiência humana é a tônica dos escritos de Humberto Maturana. Ela está presente no Apêndice do livro: Formação humana e capacitação, Petrópoles, Vozes, 2000, que Humberto Maturana escreveu com a educadora chilena Sima Nisis de Rezepka. Quero recomendar o livro de Maria Cândida Moraes: Educar na biologia do amor e da solidariedade, Petrópolis, Vozes, 2003.

Educar para o diálogo, educar para a paz

Estamos diante de pelo menos quatro tendências visíveis no processo evolutivo da humanidade. São tendências simultâneas e complementares. Primeiro: no sentido da crescente personalização, ou desenvolvimento da subjetividade, da singularidade de cada ser humano, individualmente. Segundo: no sentido de crescente socialização, ou a partilha, tanto dos recursos materiais essenciais para a preservação e reprodução da vida dos indivíduos e da espécie entre as gerações atuais e futura quanto da riqueza interior de pessoas sempre mais desenvolvidas e realizadas, através da partilha recíproca, da comunicação genuinamente cooperativa e da solidariedade. Terceira: no sentido de crescente espiritualização, manifestada pela prevalência do conhecimento sobre a força física, no atual sistema eco-social, apontando para o desenvolvimento dos potenciais superiores do ser humano, a mente, a emoção, a psique e o espírito. Quarta: no sentido de crescente amorização, no crescente desenvolvimento do ser humano como ser altruísta, amoroso, ou a expansão e crescente manifestação dos sentidos caracteristicamente humanos da solidariedade, da cooperação, da compaixão e do amor.

Marcos Arruda[1]

Escolhi para começarmos as nossas reflexões sobre alguns fundamentos de uma educação para o diálogo, a solidariedade e a paz, a passagem de um livro que dois amigos escreveram juntos: Leonardo Boff e Marcos Arruda. A longa citação acima é de Marcos Arruda. É uma passagem carregada de esperança em um livro que, no entanto, não deixa de ser bastante realista ante o processo de globalização que o modelo político-econômico dominante – e cada vez mais "imperial" – nos impõe a todos, lá e aqui.

O que deve ser lembrado agora é que, tanto ontem quanto em nossos dias, a ameaça de um mundo envolvido em conflitos e entre guerras está sempre presente. Viramos o século e o milênio e ingressamos na "Era de Aquário", mas a paz sonhada e, segundo alguns, inevitável desta "Era" em diante não parece de modo algum estar próxima de nós. E o que nos ameaça não é apenas a guerra, mas a possibilidade de um retorno à barbárie, como se qualquer guerra já não fosse, em si e por si mesma, uma forma de barbárie. Ela nos é apresentada pela *mídia* como se fosse apenas ou principalmente a violência urbana e o terrorismo. E, claro, essa escolha por ameaçar ou mesmo destruir a vida de qualquer pessoa, sua, minha, de todos nós indiferentemente, pelo fato de que não se consegue atingir aqueles que deveriam ser o alvo do ódio e da violência, é em si mesma uma antiga, terrível e persistente forma de barbárie.

A barbárie. Em suas várias faces todas as eras da história humana lidaram com ela. E bem sabemos que existem outras experiências da barbárie, e elas não são menores do que o terrorismo. E elas podem ser muito mais mortíferas e muito mais perversas, inclusive porque, ao contrário do terrorismo, elas nos são apresentadas como um exercício legítimo do direito à força e à violência contra outros seres humanos. E elas não cessaram quando os últimos campos de concentração nazistas foram destruídos ou transformados em museus da memória do horror. A experiência limite do genocídio e do etnocídio está aí, sempre diante da vida ameaçada de povos inteiros. Diante de nós. Cessadas em algum lugar da Polônia ou da Alemanha durante a Segunda Guerra Mundial, elas retornam em Kosovo. E o que mais espanta: as suas formas mais elaboradas e mais cruéis não são pensadas e postas em prática pelos povos que o Ocidente branco, erudito e cristão deseja sempre situar entre os povos mais primitivos, mais "bárbaros". Não devemos nos iludir.

No curso da história recente da humanidade, algumas das invenções menos humanas e mais perversas foram e seguem sendo criações sob governos e empresas de povos e nações que assinam como os mais "civilizados". Não foram bárbaros orientais os criadores dos campos de concentração. Não foram povos "do Leste" os que atiraram a primeira bomba atômica sobre casas de famílias e não sobre alvos militares. Não foram negros africanos os genocidas de Kosovo. Não são os povos "mais atrasados" os que invadem países alegando que o fazem em nome da justiça internacional, quando bem sabemos que os seus interesses reais são a posse e a salvaguarda de recursos naturais de valor estratégico e econômico.

Poucos anos depois do fim da Segunda Guerra Mundial, Theodor Adorno, pensador alemão, ao falar sobre a missão do trabalho do educador, associou-a ao perigo sempre presente do retorno da humanidade à barbárie. De que serve educar crianças e jovens? Serve a formar pessoas que, quando adultas, não sejam mais capazes de repetir o que os homens de sua geração haviam acabado de cometer. Ele escreveu isto:

> A exigência de que Auschwitz não se repita é a primeira tarefa de todas para a educação. De tal modo ela precede quaisquer outras que creio nem ser possível nem necessário justificá-la. Não consigo entender como até hoje mereceu tão pouca atenção.[2]

Mereceu e segue merecendo, devemos constatar com pesar. Mas podemos lidar com alguma esperança real. Se em algum tempo da história uma forma de educação contribuiu para que algo como os campos de concentração viessem a existir, podemos crer que uma outra forma poderia formar pessoas para quem eles e tudo o mais que se pareça com seu funesto destino nunca mais exista.

Se crianças e jovens daqui e de todo o mundo podem ser invadidos dia a dia por uma educação fundada em princípios e valores utilitários regidos pelo desenvolvimento da competência instrumental, do conflito e da competição, uma outra educação pode formar crianças e jovens voltados para a cooperação, a solidariedade e a paz.

Se quisermos ser abertos e verdadeiros em nosso ofício de educar, devemos nunca esquecer este esquecido princípio: de minha casa ao meu país, os mundos sociais em que vivo são os mesmos de cuja construção – para o bem ou para o mal – eu participo. Qualquer que seja o governo de minha nação, ele não existe por si e em si mesmo, mas é um contínuo e efêmero (mesmo quando pareça eterno) resultado de ações e negociações de e entre pessoas como nós e não apenas como "eles". Criamos a cada dia o mundo onde vivemos, mesmo quando ele parece mover-se ou deixar-se por conta própria e fora de nosso alcance. Somos em tudo condicionados por um "mundo que nos faz". Mas somos ainda e sempre livres o bastante para podermos fazer frente ao que nesse mundo social de vida nos condiciona. Depois da epígrafe de Marcos Arruda, carregada de esperança no fator humano, e depois da citação desafiadora de Theodor Adorno, quero preceder ainda as nossas reflexões, escritas daqui em diante como uma seqüência de idéias-fundamento e de propostas de pensamento e de ação, com uma passagem de Jean-Paul Sartre. Ela pensa o que acabei de dizer de uma maneira muito direta e muito clara. Eu iniciei o livro *Educação popular na escola cidadã* tomando-a como uma boa epígrafe. Vale a pena repeti-la aqui.

> O essencial não é o que foi feito do homem, mas o que ele faz daquilo que fizeram dele. O que foi feito dele são as estruturas, os conjuntos significantes estudados pelas ciências humanas, o que ele faz é a sua própria história, a superação real dessas estruturas, numa práxis totalizadora.[3]

Trouxe aqui essa passagem de Sartre porque ela nos aproxima com rara felicidade da questão da paz das relações e entre ela e a educação. Vejam bem: o essencial não é o que foi e segue sendo feito do homem. Isso é importante e boa parte do que estudamos em nossas pesquisas sociais tem a ver com essa complexa questão. Mas é o seu outro lado, a seu outro rosto, o essencial. Pois o que importa é o que mulheres e homens fazem e não cessam de fazer *com* e *do* que fizeram deles e com eles.

O que foi feito e segue sendo feito deles e conosco são as estruturas do poder e da posse. São as formas e os processos do controle de algum poder sobre as mentes e as culturas. São as estruturas e os aparelhos do exercício do poder entre pessoas tornadas socialmente desiguais; são as estruturas de criação e reprodução da exclusão, da subordinação de muitos ao interesse de alguns poucos, da robotização da experiência humana, do tolhimento da liberdade; do exercício da violência e da violência proclamada como necessária e legítima e que se isenta e inocenta, para esmagar a violência daqueles entre os quais a violência original do poder e da posse entre desiguais obriga a existir e a permanecer.

O que o homem faz é o que ele cria a partir do como vive ou do como é levado a viver. É o que ele cria quando existe na mente e no coração, nos gestos e nos atos de pessoas em busca de serem livres, através da difícil, mas inevitável, construção cotidiana e solidária de sua própria liberdade. O que ele faz, apesar de tudo, é o que se cria nos incontáveis grupos e nas inúmeras redes sociais de pessoas unidas para romperem, passo a passo, com o círculo da dominação, da guerra, da desigualdade e da violência autoproclamada como legítima. O que "nós fazemos", criando e fazendo isso, é a nossa própria história. Essa história não é um acontecer de grandes lances, como alguns livros nos tentam ensinar. É a seqüência vivida e pensada da própria vida cotidiana, quando além de ser a vida de cada dia, é a busca coletiva do sentido do viver cada dia. Em nome de um enfrentamento sem tréguas dos conflitos humanos sem causa e da desigualdade social, em busca do primado de uma igualdade entre pessoas e povos livres e diferentes.

A nossa pequena e infinita história é também o enfrentamento de tudo aquilo que em qualquer momento ameaça a harmonia entre pessoas e a paz entre povos, tendo como horizonte um mundo onde o poder se torne cada vez mais a sua própria partilha, e a posse de bens se converta em trocas solidárias de um bem comum. Um enfrentamento sem tréguas diante do excesso de abundância concentrada entre aqueles que podem excluir, exilar e reduzir pessoas a objetos e seres humanos a mercadorias. Um enfrentamento da *cultura da guerra* – sim, porque ela existe e se expande – em nome de uma *cultura da paz,* sim, porque ela pode vir a existir. Um sereno e persistente enfrentamento do crescimento em *mim* do meu medo do *outro.* Um outro dia, em Osório, no Rio Grande do Sul, Celso Vasconcelos lembrava, sem maiores referências, uma passagem em que alguém escreveu o seguinte na *Folha de S.Paulo:*

> Se continuarmos assim, em pouco tempo seremos um país dividido entre os muitos que não comem porque não têm o que comer e os poucos que não dormem, porque têm medo dos que não comem.

Vejamos como podemos dialogar à volta de uma seqüência de idéias de base e de alguns preceitos a respeito da paz e de seu aprendizado dentro e fora das escolas. Perdoem o ter dado a esta relação um nome um pouco solene. Vamos conhecê-las juntos.

Pensamentos e preceitos de práticas em nome da paz e de seu aprender

1º Não há caminhos para a paz. A paz é o caminho.

Li isso uma vez e ouvi várias vezes, em várias ocasiões. Não sei quem disse, quem escreveu. A paz não é uma existência social estabilizada por si mesma. Ela não é um lugar aonde chegam uma pessoa, um grupo social, um povo, um mundo. Menos ainda, a paz não é um dom. Não é alguma coisa dada ou outorgada por aqueles que podem legitimamente decretar o que é a paz, decidir o que fazer ou não fazer em favor da paz e resolver como estender a paz aos outros. Que outros?

A paz é uma construção que pessoas em interação realizam em suas vidas, nos seus cenários de vida e em sua história, a cada dia e em cada momento e situação de cada dia da vida cotidiana. Na experiência humana, a paz é a realidade mais original. Mas é também a mais frágil e a mais instável. Mas é também, como vocação humana, a mais inevitável.

2º Construir a paz em cada gesto e a cada gesto, não é algo raro e especial.

A criação da paz não é uma experiência que possa ser estendida por alguns sábios, místicos ou governantes para ser vivida por e entre as outras pessoas. Ao contrário, somos todos sujeitos da vocação da paz e a criação de *culturas de paz* constitui um trabalho interativo social a ser vivido por e entre todos nós.

A paz é nossa verdadeira natureza. E, se assim é mesmo, então é preciso pensarmos com a companhia de Humberto Maturana,[4] mesmo que possamos ter algumas críticas à radicalidade de suas idéias. Somos seres originados pela emoção, e a emoção originária e dominante em nós, seres humanos, é, ou deveria ser, o amor. O amor não é um sentimento romântico e individual. Ele é sempre interativo, pois é um constante sair de mim em direção ao meu Outro. Podemos dizer que a emoção que torna a paz inevitável e não-reversível é o amor. Pois o amor – a emoção da experiência e da vocação original do ser humano – é um movimento gratuito e generoso em direção ao Outro. É um encontro com o Outro em que esse Outro, a começar pelo Outro de mim mesmo, vale e significa algo para mim como um ser-em-si-mesmo. Como um puro ser em si, pelo seu só existir por um momento, ou por uma vida, em mim, através de mim, comigo e em relação comigo.

Na relação original da emoção do amor não há nem mesmo o desejo de conviver com, de ter ou de intencionar o Outro com quem eu partilho um breve ou longo momento da vida, como ser útil ou proveitoso para mim. Pois essa não deveria ser a razão do encontro entre pessoas numa relação amorosa, embora possa ser uma de suas conseqüências. Eu só amo *aquilo* e só amo *aquele* cuja presença eu aspiro sem proveito utilitário algum. Se o outro é a pura e livre pessoa de si mesmo em meu pensamento e em meu afeto, não há necessidade alguma do desejo da posse e do exercício de algum poder sobre ele. A relação interativa e dialógica que vai até bem mais longe do que apenas uma questão de respeito, ou de partilha de "direitos humanos", pois ela está fundada no amor do Outro, e é vivida entre seres que se amam porque se colocam, um para o outro, como puros sujeitos, é a relação matricial da construção da paz.

3º O que há em nós, que não seja a emoção original do amor, não é o nosso "outro lado", é a nossa falha humana, a nossa doença.

A inveja, o rancor, o ódio, o desamor não são a contra-face, como os componentes do "lado de sombra", daquilo cujo "lado de luz" seria o amor e a experiência interativa do amor. Inveja, rancor, desamor, ódio e seus derivados são o que sinto quando vivencio o meu Outro como objeto. Como um alguém sobre quem eu sobreponho o meu desejo sempre insatisfeito de proveito utilitário, de posse ou de exercício do poder. Em seu equilíbrio pleno, a pessoa humana é amor. Em sua busca de equilíbrio, a pessoa é uma permanente, instável, progressiva e nunca realizada construção pessoal da experiência do amor, tal como ele pode ser vivido e posto em interação por uma pessoa.[5]

4º A paz não é originalmente um produto da política, ainda que ela possa ser sustentada e acrescentada por uma boa política.

Ela é um processo de interação entre pessoas reais, cotidianas. Não se decreta a paz. Não se vota a paz. Não se outorga a paz com constituições políticas e, menos ainda, com o peso dos exércitos. A paz é o que se cria quando entre pessoas, entre grupos humanos, entre sociedades e entre nações o sentimento que guia a interação envolve o pleno respeito pelo outro e o abriga no amor. A paz não é abstrata. Ela é sempre interativa e começa com a acolhida do Outro no meu desejo de conviver com ele sem utilizá-lo em meu proveito. Isto é, o desejo do bem como razão de ser do estar com o Outro e partilhar com ele alguma coisa, algum momento, alguma situação, alguma vida.

A paz não existe *em*. Ela não se estabiliza em coisa alguma, em estrutura alguma. A paz é *entre*. Ela é essencialmente conectiva, interativa.

Não se está em paz; vive-se a paz. Interativa e socialmente sempre se realiza a experiência da paz na acolhida do Outro. A paz é uma teia de gestos de vocação não violenta, porque nela não há poder de posse do Outro e nem poder sobre o destino do outro. A paz é construída entre gestos de aceitação do Outro e de criação com ele de um momento. Um mínimo momento que inova o mundo e que entre mim e ele, ele e mim, a pessoa do Outro, seu rosto, seu ser, seu espírito, seu corpo são acolhidos na ternura. São acolhidos no afeto, quem quer que ele seja, o que quer que ele faça. Pode ser que haja grandes gestos coletivos de paz, mas posso desconfiar deles. A paz e o lento aprendizado da paz estão muito mais na tessitura de infinitos pequenos interativos gestos de conecção da vida cotidiana do que nos grandes rompantes da sua proclamação em algum raro momento de história.

5º A paz começa a ser possível quando sou capaz de separar o ser da pessoa com quem eu me relaciono do fazer dessa pessoa.

Isso vale também para o *ser* de um grupo, de um povo, de uma gente. Podemos lembrar Mahatma Ghandi. Invento e improviso uma síntese de suas muitas idéias. Penso que se ele estivesse aqui, diria mais ou menos o seguinte, ao lembrar que viveu boa parte de sua vida na luta pela independência da Índia:

> Eu tenho todo o direito de me opor ao poder do colonizador, de me voltar contra ele em todos os momentos, se eu estou certo, como estou, de que o seu poder é injusto, arbitrário e causa dor de infelicidade. Eu tenho este poder. Eu posso livrar através da não violência e da desobediência civil uma luta sem tréguas, não contra a pessoa do meu colonizador, mas contra a sua estrutura de poder e contra o exercício deste poder contra a minha pessoa, o meu povo, a minha gente, a minha nação. Posso enfrentá-lo, posso me opor a ele, posso combatê-lo, desde que eu reconheça não ter o mínimo direito de lhe fazer qualquer mal, qualquer que seja o efeito, em nome de qualquer direito legítimo. É o seu fazer sobre mim, sobre nós, que eu combato, não a pessoa que faz.

Assim sendo, toda a pessoa rotulada torna-se um inimigo potencial. Toda pessoa que quero transformar para fazer com que deixe de ser quem é para vir a ser alguém como quero que ela seja, é uma vítima de minha violência. Minhas intenções podem ser boas, mas não deixam de ser uma fórmula, ainda que embrionária e inocente, do exercício da violência. Tudo o que eu posso fazer em nome da paz é criar cenários de interação onde eu e ela, essa qualquer pessoa, possamos interagir através do que criamos e fazemos, e com base na absoluta liberdade do ser que somos, enquanto fazemos juntos o que criamos.

6º Da mesma maneira como em qualquer relação humana regida pela emoção, o amor e do seu conseqüente pleno respeito à liberdade do ser, do sentir, do pensar e do viver de outra pessoa, eu não tenho direito de me impor a esse outro ser na mesma medida que tenho o direito e o dever de dialogar com ele e de enfrentá-lo, inclusive pedagogicamente, na dimensão do seu fazer e a respeito do que o seu fazer na nossa relação realiza em mim e significa para mim.

O campo de minha relação política e/ou docente é o da expressão do fazer e suas conseqüências, e é também o campo das ações interativas regidas pelas emoções da pessoa com quem me relaciono. Não essa pessoa em si.

Qualquer relação em que, mesmo com a melhor das intenções, pretendo transformar o ser do Outro em mim mesmo, em alguém como eu, ou naquela em que eu projeto um ser segundo o meu desejo, é uma relação original de violência e é, por isso mesmo, uma relação em alguma medida negadora da paz. Nesse sentido, uma *educação para a paz* não pode impor aos seus educandos um modelo antecipado e programado de *estado de paz*, ou o modelo programado de uma pessoa rotulada como "cidadão construtor da paz".

Em nome do Outro e de sua liberdade diante de mim, não posso educá-lo "para". Educá-lo para realizar um projeto de futuro que eu acho bom e adequado para ele e para mim. Eu só posso nos educar, a mim e a ele, "em". Em e dentro de cada momento de nossa relação e para vivermos a plenitude crescente e abrangente dessa relação, como uma vivência livre da interação entre mim e ele.

7º A experiência da construção interativa e social da paz e de culturas da paz é, em si mesma, abrangente, não exclusiva, ilimitada e totalizante.

Qualquer fronteira que deixe de fora do projeto solidário da paz é de alguma maneira uma violência contra esse algo ou esse alguém. Não posso amar "esse" e não "aquele". O dilema proposto um dia por Jesus Cristo é absoluto. Não posso excluir os outros do amor para viver o meu amor de uma maneira intensa apenas com aqueles que elegi para serem sujeitos do meu amor.

Posso amar com graus e sentidos diferentes de amor. Mas não com amor desigual. Se odeio uma pessoa em nome do amor que tenho por outras, odeio a pessoa que amo e odeio todas as pessoas. Tudo aquilo e todo aquele que deixo de fora do meu projeto de paz é, de alguma maneira, um objeto de meu desamor; de minha violência, portanto. Tratados de paz não podem ser assinados entre dois lados contra um terceiro, porque quando se fala em nome da paz, ou todos estão incluídos, ou ninguém está. Uma vez deflagrada, a aventura da construção da paz é uma teia amorosa de laços que se estendem de tudo a todos. A partir dos meus outros mais próximos aos meus outros menos próximos. A partir dos meus outros menos próximos aos meus outros distantes, menos próximos ainda, mas a serem tornados mais próximos. A partir daqueles com quem é fácil conviver em paz em direção daqueles com quem é difícil conviver em paz. A partir daqueles que não são tanto "como eu" em direção àqueles que são menos ainda "como eu" e que são, portanto, a minha diferença e, sendo limite da minha diferença, são aqueles que me permitem ser como sou. A partir da pessoa concreta de cada ser, do grupo humano, da comunidade, do povo, qualquer povo. E a própria humanidade; não a humanidade abstrata, mas ela mesma refletida na plenitude de cada ser concreto que a realiza em qualquer dimensão. A partir dos seres humanos, os seres da Vida, aqueles com quem compartimos a biosfera, e com quem partilhamos, em situações diferentes, mas com iguais direitos, a nossa casa-nave Gaia.

Pois a paz social é apenas uma dimensão da vigência universal da paz e do inevitável alargamento vocação da paz até as fronteiras entre a sociedade e o meio ambiente, entre a cultura humana e a natureza. Natureza de que as próprias sociedades humanas e as suas culturas não são mais do que uma dimensão real.

8º Não é por ser o contexto ou um contexto de vida que a interação original do amor constrói que a paz deve ser pensada e vivida como algo abstrato, inocente e separado o bastante da vida social para ser inexistente e tornado solene e sagrado a ponto de chegar a não ser mais uma experiência humana.

Ao contrário. O exercício de construção da paz na vida cotidiana e no fio múltiplo e complexo da história é uma ação crítica, reflexiva e assumidamente militante. Nem é por ser contra a guerra, qualquer guerra, que a paz deixa de ser aguerrida. O nome social da paz é justiça, e o nome político da paz é liberdade.

O mundo regido, no todo e em parte, pela exclusão, pelo arbítrio e pela desigualdade pode falar sobre a paz, pode teorizar sobre a paz, pode pretender falar em seu nome, mas em nada ele cria o contexto de culturas da paz. Se não houver pão, vida livre e paz para todas as pessoas, eles não deveriam existir para ninguém. Usurpamos do direito de outras pessoas a paz que não convivemos com elas.

O exercício de construção social da paz é a denúncia sem tréguas das estruturas de poder geradoras da desigualdade e da opressão, da exclusão e da quebra da liberdade, logo, de uma verdadeira e poderosa experiência de busca da paz. Esse é o mundo em que mesmo quando não há conflito, há violência. Em que mesmo quando não há uma guerra declarada, há uma plena inexistência de paz.

9º Em nome da busca da paz, devemos saber distinguir a diferença entre a violência inevitável dos excluídos do direito à felicidade e a violência arbitrariamente tornada legítima, exercida por aqueles que se apossam dos bens da vida, do poder de gestão de vidas e destinos e dos meios culturais de tornar legítima essa violência.

Há uma violência que é a daqueles que perderam os seus direitos e há uma violência dos que transformaram direitos universais em privilégios exclusivos. A primeira é a pura violência; a segunda é a violência que se realiza como uma forma de barbárie. Assim, toda a aparente apropriação de um bem de sustento da vida, de parte de quem precisa daquilo que aparentemente "rouba" para sobreviver, não é um roubo.

Ao pensar na paz, poderíamos partir de uma idéia profundamente semeadora da paz. Não existe violência em si, assim como não existe um estado de paz em si mesmo. Existem relações sociais violentas. Existem estruturas de poder criadoras de relações sociais negadoras da paz. De igual maneira, existem relações sociais de criação e afirmação da paz. Relações de construção interativa da paz e contextos sociais capazes de abrigar, gerar e consolidar relações de vocação da paz. E existem aprendizados de e a respeito da paz.

10º O amor é uma emoção original no ser humano, mas o exercício interativo do amor é "aprendível". Logo, a paz é também ensinável. Podemos levar em conta que a origem do amor e do desejo de bem e da paz estejam na biologia do ser humano. Mas eles somente se desenvolvem através de seu exercício. E só é possível praticar relações de vocação de aceitação plena do Outro através do seu contínuo aprendizado.

A violência exercida por aqueles que não aprenderam a viver a *experiência humana da paz,* ou que perderam o *sentido de paz* em suas vidas, é um desvio de uma vocação humana inata, não aprendida ou perdida. Ela é algo que não apenas falta em nós, mas algo que nos desvia de ser quem devemos ser. É uma carência de algo no entanto aprendível, incorporável à lógica dos sentidos e dos significados com que uma pessoa orienta a vida. E é também uma experiência reincorporada às emoções essenciais de uma pessoa em qualquer momento de sua vida. Nunca é tarde para se aprender qualquer coisa de útil. Menos ainda, nunca é tarde para se aprender algo que tenha a ver com as vivências mais essenciais, mais fundadoras, mais importantes na vida de uma pessoa e nas interações entre seres humanos.

Toda educação que instrui, mas não educa; que capacita, mas não forma, apenas habilita quem aprende para ser o sujeito competente e competitivo dos projetos de vida a serviço do mundo dos negócios da sociedade do mercado. Essa pode ser uma capacitação para o êxito e o sucesso, segundo os termos do mercado de bens e de capitais. No entanto, ela é uma forma de contra-educação, ante uma vocação pedagógica dirigida ao diálogo solidário, à gratuidade e à partilha amorosa de bens, de serviços, de sentimentos e de sentidos.

Não é preciso apenas aprender este ou aquele valor, esta ou aquela vocação de paz ou de amor, de harmonia, de gratuidade. É preciso aprender holisticamente a sair dos circuitos dos bens e da esfera do poder em direção ao círculo do dom e da partilha, da troca generosa entre pessoas tornadas iguais em suas diferenças. Isso não é apenas possível, embora pareça remar contra a corrente da "tendência geral de todas as coisas". Isso é o próprio horizonte mais próximo de uma verdadeira vocação humana. Nesse sentido é urgente desnaturalizarmos o que parece só poder "ser assim" porque é da "natureza do ser humano".

11º A paz não é um dever dos seres humano antes de ser um direito de cada pessoa humana. Só pode legitimamente reclamar os seus direitos a uma vida livre, igualitária e em paz aquele que se reconhece co-responsável pelo dever de criação social do primado da justiça, da igualdade e da paz no mundo em que vive.

Nós não habitamos um mundo de justiça e de paz como quando vivemos em uma sociedade em que de uma maneira igualitária os mesmos direitos e deveres são gerados e outorgados por outros sujeitos. E, então, nos são estendidos como uma espécie de direito doado, ou como uma carta concedida de direitos humanos.

Nós habitamos o mundo de justiça e de paz que construímos. Nós o habitamos quando nos reconhecemos e nos assumimos como seus co-autores. Como os seus cooperadores, como os co-responsáveis pela construção cotidiana dos princípios, das leis, das normas, das cartas, das declarações, das constituições que nos regem e regem a ordem das relações no mundo em que vivemos. Quando deixamos de nos pensar apenas como passivos sujeitos-de-direitos e nos reconhecemos como sujeitos-de-deveres. Como pessoas livres, pessoas solidárias e sujeitos interativos na construção de suas vidas e dos mundos de cotidiano e de história em que as vivemos. O que há de mais importante na vida que compartimos é que ela é criada por nós. E sendo criada por nós, pode também ser transformada por nós. Só vivo a paz como um direito quando conquistei antes o direito de criá-la como um dever.

12º O mundo da paz é o mundo da verdade. O mundo da paz é o mundo da transparência de pessoas em busca do amor. E o outro nome do amor é: verdade.

Gandhi dizia: "Posso dizer da mesma maneira que a verdade é Deus e que Deus é a verdade". Algo semelhante podemos repetir com relação à paz. A paz tem o seu chão na verdade e tem o seu céu na verdade. Assim como não se cria uma experiência de paz sobre a injustiça e sobre a desigualdade, e assim como não se impõe a paz a mulheres e homens desiguais, mas se constrói uma paz entre diferentes igualados no que é essencial, assim também a experiência de criar a paz é a experiência de tornar transparentes, compreensíveis e partilháveis, entre todos os seus sujeitos, os sentidos e os significados que damos a nós mesmos, aos nossos outros, à vida e ao mundo.

Não há uma interação de paz nas meias verdades, assim como não há meia paz na verdade. Isso nos leva a repensar a questão do multiculturalismo. Ele é muito fácil na inocência da cultura. Entre teorias e didáticas formais não é difícil respeitar o outro e aceitá-lo no que ele tem de aparentemente diferente de mim. Mas a aceitação do outro em suas diferenças e divergências é muito difícil ao longo da construção cotidiana de vidas coletivas e de experiências relacionais e grupais.

Vejam bem: nós falamos tanto em paz, falamos tanto em compreensão profunda e aberta do Outro, falamos tanto em aprendermos a nos colocar "do ponto de vista do outro". No entanto, em nossos mínimos ensinos permanecemos tão centrados em nós mesmos. Centrados em nossa pequena história nacional. Uma história muitas vezes narrada a nós e a nossas crianças sempre contra um outro. Uma história gloriosa sempre contra a história dos outros. Somos tão amorosos da paz e do respeito pelo Outro. Mas quase tudo o que dizemos e ensinamos a nossas crianças provém de nos colocarmos contra os outros, acima dos outros, ou no limite, tolerando os outros.

Quem quiser uma educação para a paz talvez devesse começar por aprender a ensinar a Guerra do Paraguai e outros acontecimentos da história às crianças gaúchas e brasileiras colocando-as diante paraguaios, argentinos, uruguaios. E diante do saber dos mitos e dos contos dos povos indígenas que habitam o Rio Grande do Sul. Pois por melhor e mais transparente que almeje ser, toda a visão única de qualquer coisa corre sempre o perigo de tornar-se uma compreensão fanática. Da mesma forma como a religião que exclui outras é sempre uma forma assumida ou disfarçada de fanatismo. É sempre uma má lição de fundamentalismo intolerante. Se eu tenho um deus que para ser o "meu deus" precisa ser um Deus situado por mim contra todos os outros, então eu não tenho um deus do amor e da paz. Tenho para o meu uso um deus do ódio e da intolerância.

13º Diante de tudo o que se expressa culturalmente como linguagem e metáfora da violência e que impregna de uma maneira tão brutal o nosso cotidiano, e o dos nossos jovens e crianças pela TV, nos jogos e esportes, e em praticamente todos os cenários interativos da vida social, podemos pensar e transformar em símbolos e significados uma linguagem da paz.

Dentro e fora da escola, devemos vivenciar um grande esforço pessoal e coletivo para transitarmos da competição para a cooperação; da competência entre desiguais para a diversidade de realizações entre diferentes; de quantificações ranqueadoras e desqualificadoras em nossas avaliações para compreensões mais igualitárias a respeito de vocações e desempenhos individuais e coletivos. Vivemos em um mundo onde o que importa mais a cada é dia é a posição de algo ou de alguém em uma escala arbitrária de valores e de competência. Quem é o primeiro, o segundo e o último? Quem sobe no pódio e quem fica fora dele? Em que lugar está o Guga, em que posição está a Seleção Brasileira de Vôlei? Qual o lugar do Brasil nesta ou naquela avaliação internacional? Qual o lugar do meu banco, do meu sabonete, de minha teoria sobre isto ou aquilo? Que posição a minha universidade ocupa na última classificação da *Playboy*? Quantas páginas tem o meu *curriculum vitae* e quantos artigos publiquei neste ano?

Uma sociedade obcecada pela competição e pela avaliação de competências e rendimentos em todos os planos e dimensões da vida não pode ser menos do que uma sociedade destinada ao conflito derivado da concorrência tornada valor fundador da própria vida das pessoas e dos grupos humanos.

Em nome de uma *cultura de paz,* devemos procurar sair da quantificação ranquedora em direção a uma diferenciada qualificação polissêmica, multireferencial e não-competitiva. Uma compreensão de desempenhos como diferenças entre vocações de e entre pessoas que traduza maneiras de ser e de realizar desempenhos diferentes, em que cada um seja pensado e mesmo avaliado pelo seu próprio crescimento.

A criança na escola não pode ser avaliada em contraposição a outras crianças: os melhores e os piores, os bons e os maus, os estudiosos e os vagabundos, os da turma da frente e os da turma de trás, os destinados ao sucesso e os ao fracasso, os que passam e os que são reprovados. A escola precisa superar essa herança do mundo dos militares e dos empresários, se ela aspira pensar e praticar uma educação justa e uma educação dirigida à paz. Ela precisa aprender a escapar do "jogo-guerra", do "jogo-mercado", do jogo-excelência-excludente, para o "jogo-rito", para o "jogo-arte", para o jogo-vocação-includente; enfim, para o "jogo-paz".

Dissolver na escola, nas aulas e no recreio a falsa idéia cultural de que só no perde-ganha há alguma graça e algum interesse. Que só quando alguém é derrotado e eu venço, a minha vitória faz sentido. Posso falar aqui um pouco da metáfora das montanhas. Vivi um bom tempo da minha vida escalando montanhas. E tenho enorme saudade disso. Escalávamos unidos uns aos outros na "cordada". Estávamos uns nas mãos dos outros e não vencíamos ninguém, mas apenas vencíamos a nós mesmos, por meio de outras pessoas. E a felicidade não estava na derrota de alguém, mas na alegria de havermos chegado, todos juntos (mas um depois do outro), "lá em cima".

Em nome de uma *educação para a paz* podemos aprender a esquecer a idéia de que só no olho por olho há justiça e de que só na perda de outro há ganho para mim. Trazer – e por que não? – para o âmbito da escola de todos os dias o ensinamento de que o maior ganho e a inteira vitória estão em responder o mal com o bem, a mentira com a verdade, a competição com a cooperação, o individualismo com a solidariedade e o prazer do conflito com o desejo da paz.

14º A paz não pertence ao mundo da política nem ao mundo da ciência. Ela não é privativa de mundos estruturais e institucionais. Ela existe na vida cotidiana de pessoas simples, em suas comunidades. A interação entre duas pessoas é sempre o lugar do nascimento ou da morte da paz.

Em nenhum momento da história humana a paz e a harmonia entre pessoas e povos aumentaram com o acúmulo de saber instrumental. Não melhoraram nem se aperfeiçoaram com os avanços da tecnologia; não se estabilizaram e nem cresceram com decretos políticos internacionais ou nacionais de paz.

Ao contrário. A paz circula e faz interagir. Ela coloca idéias e teorias em confronto e abre diálogos entre ciências, filosofias, artes, ritos, jogos, trocas, espiritualidades, religiões e quaisquer práticas sociais com uma verdadeira vocação para a paz.

Nenhum campo de prática social é sozinho no lugar preferencial de construção da paz. A paz é o lugar de convergências, de confluências e, não sendo uma estrada de mão única, não é também uma estrada de duas mãos, a de ida e a de volta. Ela é como uma praça. Uma praça pronta e sempre inacabada cujos habitantes e transeuntes podem chegar e sair vindos de várias ruas e voltar pelas mesmas ou por outras ruas. A paz não está situada em um lugar. A paz é aquilo que faz interagirem rumos, caminhos e lugares, bem como situações e momentos de criação da harmonia e do bem. E sendo caminho, já que "não há caminho para a paz" e "a paz é o caminho", ela está sempre a caminho.

15º Na experiência da escola, a construção pedagógica da paz não significa tornar inocente, abstrato, encantador aquilo que como violência é perverso, parece ser o concreto, o real e possível, o socialmente viável.

Ao contrário, nada mais dramático e nada mais radical do que a aventura de um "fazedor da paz", de um militante pacifista. Dificilmente alguém como ele é tão corajoso. Porque lutando com o mesmo empenho que os emissários da guerra, luta sem as armas que ferem ou matam o outro. A começar pelas armas das palavras e das idéias. A paz não é o lado sagrado do que é profano na violência. Não é poesia do que é tecnologia na violência. Não é o feminino do que é masculino, ou "macho", na violência.

A paz é humana. É o que há de mais humano. Ela é dramática e é, finalmente, a grande aventura que cada um de nós pode viver. Só há guerra quando há medo. Só há violência quando há temor. É preciso uma enorme coragem daquele que superou o mal, o temor, o medo, o pavor. Só aí pode haver paz. Só então há paz. Quem não teme, não odeia. Quem não odeia pode viver a experiência da paz. A violência, a guerra, o militarismo não são associados ao domínio, ao predomínio da coragem. São, ao contrário, associados ao medo. É porque eu tenho medo, é porque eu temo o meu outro que eu me armo e antecipo contra ele a minha guerra. Aprender a não temer, eis o começo da trilha da paz a ser ensinada às crianças e aos jovens. Pois só quem não teme o outro pode amá-lo.

Só há amor quando não há temor algum do meu outro. Aprender a não temer. Aprender a não se sentir humilhado. Aprender a não se colocar como inferior. Aprender a não ver a si mesmo pelos olhos de utilidade de um outro, para um outro. A não se sentir separado da vida e nem indigno dela. O ato de coragem mais absoluto é o de abandonar a violência, filha do medo, em nome da paz, a irmã da coragem de ser.

16º Onde a violência aparece como produto da competição entre competentes, a paz deve realizar-se como processo de cooperação entre compromissados com o bem e com o dom.

Conspirar de todos os modos contra tudo o que fale em nome da competição, da concorrência e da conquista de algo em detrimento de outros, por mais que isso venha sob o olhar de um falso encantamento, como, por exemplo, no mundo dos negócios. Conspirar contra tudo que fale em nome da competição desqualificadora e pratique de algum modo a hierarquia entre os desiguais. Conspirar contra tudo aquilo que no mundo da competição possa premiar um vencedor e castigar, pelo silêncio ou de outra maneira, todos os outros, os vencidos. Mais uma vez substituir o vencer contra os outros pelo vencer com e através dos outros. A grande violência, a violência que gera a barbárie, não está nas favelas do Rio de Janeiro, não está nos guetos de São Paulo, ela está na Bolsa de Valores, está na excelência desumanizadora de alguns cursos de MBA, está no FMI, nos acordos impostos pelo FMI, está nas decisões do G8 e na simples existência de algo como o G8.

Ela está em uma educação dada em escolas e universidades que não são apenas particulares, mas privadas, e não apenas privadas, mas francamente empresariais. Aquelas que privatizam tudo, transformam os professores em empregados e os empregados em mercadoria. E tratam alunos e estudantes como clientes pagadores. E que avançam sobre o ensino público, não apenas para tomar o seu lugar e tornar tudo objeto de compra e venda, coisas de mercado para controlar, também através da comunicação, todos os espaços interativos, todos os lugares onde se cria e se recria a ciência, o saber, a compreensão, o valor.

17º O reencantamento do mundo, o reencantamento da vida, o reencantamento de cada dia devem ser evidências de que em algum lugar a paz está caminhando e está avançando.

O rosto da paz não é apenas político. Ele é também ético. O rosto da paz não é somente ético. Ele é, antes, estético. Seu poder é o bem e sua bondade é a beleza. O que a paz gera não é só o bem entre as pessoas, é a beleza entre elas e entre elas e o mistério da vida.

O próprio sumo bem da vida humana é uma vida realizada com harmonia, como a dança dos gestos daqueles que se irmanam e se solidarizam. O que se cria através do esforço por construir um mundo de paz não é um resultado partidário ou político e nem uma teoria pedagógica pacifista. É a própria vida humana tornada um gesto de beleza. É um trabalho de artista e é uma experiência de arte.

Não aspiramos a um mundo de justiça e de paz, de inclusão e de liberdade para sermos ajustadamente bons e para sermos ética e politicamente corretos. Buscamos construir um mundo social de primado da paz para tornar possível levar todas as pessoas de todos os povos aos limites da experiência da beleza e da felicidade. O que é importante não é apenas melhorar tecnicamente o ensino ou torná-lo mais conscientemente político e libertador, cidadão, participante. Principalmente não é torná-lo mais produtivo, mais eficaz, mais eficiente e mais ajustado ao mundo dos negócios e das mercadorias. O que importa é humanizar e reencantar os cenários, os gestos e as experiências onde e com que se vive qualquer dimensão disso que chamamos educação. Criar neles e através deles espaços, interações e entre-cenas de vidas de pessoas livres e felizes. E não pelo que aprendem, ouvindo de outros, mas pelo que criam como co-saberes e co-valores, co-vivências, na medida em que, crítica, ativa e encantadamente criam, elas próprias, as pessoas que são e os mundos de vida cotidiana em que vivem.

18º Não devemos antecipar em crianças, adolescentes, jovens e mesmo nos adultos as pessoas cidadãs que de maneira programada nós queremos que sejam hoje ou em algum dia, ou as pessoas que nós, politicamente e pedagogicamente, projetamos para eles.

Crianças não se decretam, e pessoas humanas não devem ser educadas para serem como nós: a nossa imagem, o nosso espelho, mas para serem elas mesmas através de nós. E serem elas mesmas não através de nossa escolha pedagógica, mas através de nossa acolhida amorosamente educativa.

Mas, por outro lado, semear cenários, criar espaços e momentos dentro dos quais nossos estudantes e nós próprios possamos interagir livre e amorosamente, entre eles, estudantes, e conosco, docentes. Esse é o caminho na criação de um protagonismo infantil e juvenil. Se a experiência da paz, do amor e da solidariedade não se aprende na escola com os artifícios de aprender pelo decorar, ou mesmo do criar puros conteúdos "a respeito de", mas se aprende dentro de e entre vivências interativas, em que, criando significados e sensibilidades de amor, de fraternidade, de solidariedade, desafiam os educadores e educandos a buscar saberes e sentidos que nos digam e aos outros o que é isso: a paz.

Devemos cuidar em não nos preocuparmos com o criar antecipações provocadas e programadas de pessoas e de mundos, e a essas submeter às crianças para que elas, pensando ser, na verdade reproduzam apenas aquilo que nós programamos para elas. Podemos lembrar aqui a idéia tão fértil de Boaventura Souza Santos: toda ciência, todo saber, todo valor e principalmente, toda a educação, todo trabalho em sala de aula fala desde algum lugar social. Não somos anjos e talvez mesmo os anjos falem de algum lugar celestial ou angelical. Pessoas humanas que somos, pensamos e trocamos mensagens desde o *lugar social mercado de bens*, desde o *lugar social poder do Estado*, ou desde o *lugar social vida da comunidade*, vida em comunidade. O lugar social da fala da paz é a multiplicidade diferenciada, livre e empoderada do lugar social das comunidades humanas.

É preciso deixar claro que o *lugar do mercado* fala a crianças, adolescentes, jovens e adultos desde o mundo do interesse e desde uma lógica da utilidade. A intenção constitutiva desse lugar social é o ganho, a acumulação e o lucro e, conseqüentemente, o outro só pode ser referenciado, pensado e vivido como alguém que me interessa porque me aufere ganho ou lucro. Ele vale para mim como meu puro objeto, minha coisa, minha mercadoria.

O *lugar social estado*, à esquerda ou à direita, fala desde o mundo do poder. A interação dominante é uma interação de domínio e a relação fundadora é uma relação de sujeição e subordinação. O meu outro é, mesmo quando impregnado de ideais, um objeto. Não mais um puro objeto de construção de meu ganho, mas de reconstrução de meu poder.

O *lugar social comunidade* fala desde o mundo da pessoa. A interação dominante é de partilha e a relação é de troca e de dom. Só que o meu outro pode ser pleno sujeito e pode me desafiar a uma relação desobrigado do ganho, do lucro, da sujeição e do domínio.

19º Não são apenas interativos, mas são interativamente sociais os gestos de construção da paz, entre mim e mim mesmo, entre mim e os meus outros, nós e nossos outros, e, para além de nós, seres humanos, nós e a vida, nós e os múltiplos seres da vida, nós e o mundo da vida.

A verdadeira paz se constrói através de um conjunto, ao mesmo tempo pequeno e imenso, de atitudes pessoais interativas de vocação da paz. Uma adesão a uma cidadania responsável. Criar a cada momento a experiência da paz. Sair da esfera dos bens e colocar-se do ponto de vista do círculo dos dons, da aceitação da simplicidade voluntária, e de uma sustentável comunhão com a vida. Não apenas o respeito, mas a experiência cotidiana da diferença, da multicultura, do transculturalismo, da pluri-educação. Saber colocar-se do ponto de vista do Outro. Saber pensar pensando também como o outro pensaria sendo ele mesmo e não eu. Saber proceder assim na relação em que penso que ele pensa contra mim, para compreendê-lo antes de contestá-lo ou mesmo de agredi-lo.

Integrar a ciência como valor e o valor como experiência do amor. Saber interagir diferentes saberes, como os da arte, os da ciência, os da espiritualidade. Constituir como diálogo entre diferentes o que era até aqui o monólogo entre desiguais, ou uma fala autoritária hierárquica em que a ciência se colocava e, se coloca ainda, acima de tudo mais e se constitui como único saber verdadeiro ou, pelo menos, confiável.

Compreender a fundo as razões pessoais, interativas e sociais da própria violência, já que é tanto de e sobre a violência que sempre falamos. E falamos dela porque nos deixamos impregnar pelo medo do Outro. Saber, por exemplo, que as pessoas não violentam lugares da cidade quando os reconhecem como seus, como o seu lugar de acolhida. Vândalos, se é que existem vândalos, quebram escolas, mas não quebram igrejas e nem bares. Só os ricos e as pessoas a serviço dos ricos roubam, na calada da noite, santos para serem vendidos.

Algumas pessoas depredam objetos e locais do governo, como símbolos de um poder com o qual não se reconhecem em comunhão. Mas não depredamos o centro comunitário que os nossos pais ou nós mesmos ajudamos a construir em nosso bairro, com as nossas mãos, em sábados e domingos. O jovem que quebra uma cabine telefônica não é um vândalo a ser preso e punido, mas talvez um solitário desesperado, que se desesperou por não receber nenhum telefonema que lhe dissesse uma mínima palavra de acolhida e de amor.

20º Criar uma vida que venha a ser, dia a dia, o aprendizado dos pequenos gestos essenciais da criação da paz.

A paz não é branca e abstrata. Ela é bem concreta e é de todas as cores. Colocar-se do ponto de vista da paz, como uma realidade de cada dia da vida, a cada momento. Somar-se à rede de grupos humanos e de pessoas devotadas à causa da paz, tornar a vocação da paz um eixo da vida pessoal e do trabalho da educação, tudo isso importa pequenos gestos essenciais. A experiência da paz não é uma abstração. Ela é tão concreta quanto a do amor. Nada deveria ser tão palpável e tão concreto quanto o desejo de viver e de partilhar a paz.

Deixar-se levar cada vez mais por uma orientação de desapego e de abandono de todas as formas pessoais e interativas regidas pelo princípio do ter, do possuir, do auferir ganhos e do acumular bens. A posse e o desejo do ganho, ao lado do medo de perder o que se acumulou, constituem uma das fontes do conflito. Renunciar ao acúmulo de ganhos em nome da partilha dos bens e a favor do aprendizado de uma vida regida pela solidariedade e centrada nos princípios de *ser* e *conviver*.[6]

Centrar o sentimento da identidade, da segurança e da confiança pessoal, tendo como o seu fundamento a fé no que se é, e na vocação de encontros e relações interativas originadas no amor e na busca do Outro como eixo criador de minha própria vida. Aprender a fazer-se autor de uma vida livre, fecunda e co-responsável, alheia ao desejo de centrar em si mesmo o eixo da vida e dos relacionamentos, controlando em proveito próprio a pessoa dos outros e os cenários das interações da vida cotidiana.

Tornar-se responsável por si mesmo, reconhecendo que ninguém e nada situado fora de nós e da vida interativa e social que nós mesmos criamos dirige nossa vida e dá sentido a ela. Experimentar viver isso, reconhecendo também que um sentimento responsável de autonomia e de liberdade é o ponto de partida para uma atitude de partilha e de participação.

Centrar-se no presente e viver plenamente o presente de cada instante. O presente é o tempo em que eu sou, em que nós somos. O presente é o momento da vivência do amor e da troca. Ele não é algo que se possua, pois não se possui um presente e não se espera um futuro: somos e vivemos cada presente e criamos a cada momento o futuro que nos espera. Tempo é Vida, não é dinheiro.

Viver a alegria. A alegria é o sentimento de quem sai de si mesmo e lança-se na trilha do Outro pelo caminho da partilha do Amor. Do mesmo modo como o tempo presente, o Amor é algo que não se possui, que não se dá e que não se guarda. O Amor é algo que se partilha: o Amor pelo Outro é a partilha da Vida na relação livre e desinteressada do núcleo fundador da própria Vida: o *entre-nós*.

Aprender, passo a passo, a abrir mão de tudo aquilo que é a origem da desigualdade entre as pessoas e os povos: a ambição, a cobiça, o desejo do poder, o egoísmo e o ódio. Reconhecer em tudo isso a fonte não do poder e da riqueza, mas do medo. Só quem vive do desejo de possuir, de enriquecer, de dominar e de centrar em si o eixo e o sentido da vida tem medo dela e dos outros. Todo o ódio esconde o temor do Outro.

Abrir mão do culto aos ídolos disfarçados do mundo do mercado. Onde em nossa vida está o Outro genuíno e, junto com ele, a busca do bem comum, não há lugar para ídolos. Onde não há ídolos a serem adorados, mas seres a serem amados, não há lugar para ilusões, e o seu lugar é ocupado pela realidade concreta da construção da utopia. Por causa da busca do Amor, ser amorosamente reflexivo e crítico. Quem não diz ao Outro amado a dura verdade que ele precisa ouvir, não o ama. E quem não ouve dele a verdade temida sobre si mesmo, não o ama e sequer ama a si mesmo.

Devotar-se ao objetivo de realizar-se continuamente, através da busca solidária da realização de um nós pessoal, supra-pessoal, comunitário e planetário cada vez mais vivo dentro do ser-de-mim-mesmo.

Reconhecer que esse objetivo nos leva a uma crescente entrega de vida inteira. Essa entrega abre-se a uma disciplina de vida, vivida não como uma obrigação exterior e imposta, mas como uma aceitação interior e espiritualmente devotada a ações interativas e sociais. Sou aquilo que crio com os outros. Crio aquilo que partilhamos juntos. Partilhamos aquilo que construímos. Construímos aquilo que sonhamos juntos para a realização plena da Vida em e entre todos Nós. Sonhamos nada menos do que aquilo a que estamos destinados: a partilha da felicidade como experiência da Vida.

Reconhecer as circunstâncias e os condicionantes da vida que vivemos nas estruturas sociais que compartimos. Mas reconhecer que uma coisa são essas estruturas de uma ordem estabelecida e o que elas fazem de nós e de nossas vidas. E uma outra coisa são as ações livres, progressivamente solidárias e co-responsáveis com que nos lançamos sozinhos e, melhor ainda, com os outros, à transformação de nós mesmos e de nossas vidas, no domínio de nossas vidas. O passo inicial que só se completa e realiza quando estendido às comunidades e redes de vida solidária que construímos. Cenários interativos e sociais de vida que se estendem das estruturas locais às regionais, às nacionais e até às planetárias da vida e da história que compartimos e que, se quisermos, podemos repensar, transformar e reconstruir.

Livres do desejo do poder, do controle e do enriquecimento material, no plano de criação do Eu e do Nós como seres, podemos nos abrir a vôos do devaneio, do sonho e do imaginário. Que eles não nos sejam fugas do real, mas o alargamento deste através de como podemos estendê-lo em todas as suas dimensões. Toda a palavra e toda a ação que transformam pessoas, transformam suas vidas e transformam o mundo em que elas vivem e se encontram é uma forma de poesia. Há um poeta vivo ou adormecido dentro de cada um de nós. Que ele desperte!

Tudo é o diálogo e tudo o que nega ou distorce o diálogo é uma forma de negação da Vida e do Humano. Todo o aprendizado solidário provém de momentos de diálogo e serve ao aprofundamento de nossa capacidade de viver diálogos e conviver entre diálogos. Toda relação gratuita é um encontro em um diálogo.

A primeira dimensão de alargamento e de aprofundamento dialógico é conosco mesmo. Aprender a criar o silêncio no qual ouvimos – a nos falar e a nos ouvir – a voz e a atenção presente de nós mesmos.

A segunda dimensão é com o outro, os nossos outros, os outros de nós, nossos companheiros de destino, mas também os outros, entre próximos e distantes, habitantes de círculos que mesmo afastados dos nossos são parte das teias e redes com que entretecemos a Vida e o Sentido da Vida.

A liberdade não é um direito humano estendido por outros a nós. Se for assim, não é a nossa própria liberdade, mas a pequena autonomia que, tendo sido dada a nós por outros, não nos livra das amarras de nós mesmos e do poder dos outros. A liberdade é um dever que construímos juntos a cada momento da Vida. Ela não é uma qualidade da vida e nem um estado social. É uma construção solidária permanente. Frágil e efêmera, é o ser sempre recriada e estendida que a torna forte e perene.

Para que estejamos vivos, a cada instante de nossas vidas, é preciso que toda a arquitetura da Vida, dentro e fora de nós, seja de algum modo mantida e recriada. Não somos apenas a "vida em nós", mas somos toda a vida em tudo o que há na natureza, de que a nossa pessoa física e, portanto, igualmente natural, é uma parte e uma partilha. Mas não é apenas por isso que devemos lidar com a Natureza, com a Vida e com a individualidade e a pluralidade dos Seres da Vida como outros sujeitos com quem compartimos o Planeta Terra. É também porque eles, no todo do Cosmos e na pessoa de cada pequenino Ser da Vida, são outras dimensões de ser Pessoa. De serem um ser e um valor da Vida em si mesmos.

Não devemos nunca esquecer da presença do mal no Mundo. Mas o mal que mais nos atinge é criado através da ação de pessoas e existe na sociedade. Tendo sido criado por ações humanas, por ações humanas pode ser reduzido ou mesmo extinto. Nossa vocação humana é o bem e é o bem quem deverá ser perenizado e estendido a todos os povos e a todas as nações. A vocação humana é a busca e o encontro do bem, do belo e do verdadeiro. Tudo o mais são falhas, faltas ou doenças da experiência do humano.

O crescimento da pessoa e da comunidade constitui um processo sem fim. Esse crescimento humano não é uma meta quantificável e de modo algum pode ser medido por critérios utilitários. Ele é muito mais o caminho por onde se vai do que algum lugar aonde se chegue.

As estruturas e os processos de relacionamento entre as pessoas; entre as pessoas e as formas sociais de interação; e entre as pessoas, as instituições sociais criadas por elas, e os símbolos e sentidos, em cujos mundos de saberes, valores e significado em que elas vivem a vida e a história que pouco a pouco constroem, tal como estabelecidas e proclamadas pela atual ordem social neoliberal e globalizada, negam de muitas maneiras uma vocação humana destinada ao encontro, à partilha do ser e à felicidade. É em favor dessas perdas e em nome de recriar mundos de vidas, de diálogos e de trabalhos humanos que nós nos devemos colocar. Não se trata de substituir um sistema social de relações sociais por outro. Trata-se de abolir progressivamente um sistema desumano (negador da vocação humana à felicidade) por um outro, por outros "mundos possíveis" em que a felicidade, regida pelo primado do ser sobre o ter, seja construído e plenamente realizado.

Em nós o que vale é a experiência da vida e a memória dela, como saber e sensibilidade. É o chão em que se anda e é o desejo do bem e da partilha. Acrescentar a este valor-pessoa isento de títulos sociais honoríficos uma crescente abertura à partilha do tempo e dos bens. Aprender e ensinar a crianças e jovens que podemos ser mais felizes colocando nossas vidas, nossos tempos de cada dia e nossos bens da vida no círculo do "entre nós". Dispor pouco a pouco, mas sempre mais, de tudo que possuímos e que podemos colocar à disposição: emprestando, dando, trocando, partilhando.

Aprender e ensinar o saber e colocar-se de uma maneira pessoal e militante cada vez mais à margem ou fora do controle do mundo dos negócios. Lembro-me de que no começo deste ano, protegido por um muro de concreto e por uma milícia formidável, um pequeno grupo de poderosos se reunia em algum lugar da Europa, na reunião anual do G8, para decretar o destino econômico do mundo. Enquanto isso, em Porto Alegre, milhares de pessoas reuniam-se nas ruas para dizer, entre cores e cantos, entre elas e para o todo o mundo, que "um outro mundo é possível"; uma outra experiência de mundo é possível. Eis o caminho da semeadura da paz: envolver-se em nome desse mundo com a própria teia da vida.

E como o caminho aqui proposto é longo e difícil, eu queria terminar o que venho dizendo com o pensamento de uma pessoa que ainda não conheço. Foi em um recente Encontro em Osório, no Rio Grande do Sul, que encontrei sua mensagem em uma das folhas distribuídas entre nós. Saibamos partilhar o pensamento do professor Geraldo Eustáquio de Souza. Ele diz assim:

> Desistir... eu já pensei seriamente nisso, mas nunca me levei realmente a sério, é que tem mais chão nos meus olhos do que cansaço nas minhas pernas, mais esperança nos meus passos do que tristeza nos meus ombros, mais estrada no meu coração do que medo na minha cabeça.

Notas

1 Marcos Arruda e Leonardo Boff, Globalização: desafios socioeconômicos, éticos e educativos, Petrópolis, Vozes, 1998 .

2 Theodor Adorno, "Educação após Auschwitz", em Educação e emancipação, Rio de Janeiro, Paz e Terra, 2000, p. 119.

3 Essa citação me foi dada por escrito sem maiores referências pelo professor Ildeu Moreira Coelho, de Goiânia.

4 Em alguns livros, Humberto Maturana fala de uma "biologia da emoção" e de uma correspondente "biologia do amor". Entre os mais conhecidos e mais próximos ao trabalho da educação, estão os seguintes: Formação humana e capacitação, Petrópolis, Vozes, 2000, escrito com a educadora chilena Sima Nisis de Rezepka; A Árvore do conhecimento, São Paulo, Palas Athena, 2002; Cognição, ciência e vida cotidiana, Belo Horizonte, UFMG, 2001, Coleção Humanitas; A ontologia da realidade, Belo Horizonte, UFMG, 1999.

5 Ver isso melhor explicado em Formação humana e capacitação, livro citado na nota quatro.

6 Daqui em diante, boa parte do que está escrito provém de um diálogo com leituras de Erich Fromm, especialmente de seu livro Ter ou ser?, 4. ed., Rio de Janeiro, Guanabara/ Koogan, 1987.

Bibliografia

Livros e artigos consultados

ADORNO, Theodor. *Educação e emancipação*. Rio de Janeiro: Paz e Terra, 2000.

ARIES, Phillipe. *História social da criança e da família*. Rio de Janeiro: Jorge Zahar, 1981.

ARRUDA, Marcos. *Humanizar o infra-humano*. A formação do ser humano integral: homo evolutivo, práxis e economia solidária. Petrópolis: Vozes, 2003.

________; BOFF, Leonardo. *Globalização:* desafios socioeconômicos, éticos e educativos. Petrópolis: Vozes, 2000.

BANCO MUNDIAL. *Prioridades y estratégias para la educación:* informe del Banco Mundial. Washington: Banco Mundial, 1997.

BETTO, Frei; BEZERRA DE MENEZES (orgs.). *Utopia urgente:* escritos em homenagem a frei Carlos Josaphat nos seus 80 anos. São Paulo: Casa Amarela/ Educ, 2002.

________. *Sinfonia universal:* a cosmovisão de Teilhard de Chardin. São Paulo: Ática, 1994.

BRANDÃO, Carlos Rodrigues. *A educação como cultura.* Campinas: Mercado de Letras, 2002.

________. *A educação popular na escola cidadã.* Petrópolis: Vozes, 2002.

________. *Em campo aberto.* São Paulo: Cortez, 1995.

________. *Somos as águas puras.* Campinas: Papirus, 1994.

BROTTO, Fábio Otuzi. *Jogos cooperativos:* o jogo e o esporte como um exercício de convivência. Santos: Projeto Cooperação, 2001.

BUBER, Martin. *Eu e tu.* São Paulo: Moraes, s. d.

________. *Sobre a comunidade.* São Paulo: Perspectiva, 1987.

CAPRA, Fritjof. *O ponto de mutação.* São Paulo: Cultrix, 1993.

CORAGGIO, José Luis. *Desenvolvimento e educação.* São Paulo: Cortez, 1996.

DELORS, Jacques. *Educação*: um tesouro a descobrir. São Paulo: Cortez, 1998.

FORRESTER, Viviane. *O horror econômico.* São Paulo: Unesp, 1997.

GIDDENS, Anthony. *Modernidade e identidade.* Rio de Janeiro: Jorge Zahar, 2002.

HABERMAS, Jurgen. *Ciência e técnica enquanto ideologia.* São Paulo: Abril, 1975, (Coleção Os Pensadores).

LÉVI-STRAUSS, Claude. *Le regard eloigné.* Paris: Plon, 1983.

LÉVINAS, Emmanuel. *Entre nó:* ensaios sobre a alteridade. Petrópolis: Vozes, 1998

________. *Humanismo do outro homem*. Petrópolis: Vozes, 1993.

MAFESOLI, Michel. *A transformação política:* tribalização do mundo. Porto Alegre: Sulina, 1997.

MARCUSE, Herbert. *A ideologia da sociedade industrial.* Rio de Janeiro: Jorge Zahar, 1967.

MARTINS, José de Souza. *A sociabilidade do homem simples.* São Paulo: Hucitec, 2000.

MATURANA, Humberto; VARELA, Francisco. *A árvore do conhecimento.* Campinas: Psy, 1995.

________. *Emoções e linguagem na educação e na política.* Belo Horizonte: UFMG, 1999.

________; REZEPKA, Sima Nisis de. *Formação humana e capacitação.* Petrópolis: Vozes, 2000.

MORAES, Maria Cândida. *Educar na biologia do amor e da solidariedade*. Petrópolis: Vozes, 2003.

SOUZA SANTOS, Boaventura de. *Pela mão de Alice*: o social e o político na pós-modernidade. São Paulo: Cortez, 1995.

STRECK, Danilo R. *Educação para um novo contrato social.* Petrópolis: Vozes, 2003.

REDIN, Euclides. "Paulo Freire: da 'linguagem da crítica' para a 'linguagem da possibilidade'". In: *Cadernos Pedagógicos,* n. 2. Porto Alegre: Secretaria de Educação do Governo do Rio Grande do Sul, 2001.

TEILHARD DE CHARDIN, Pierre. *O fenômeno humano.* São Paulo: Cultrix, 1982.

THOMAS, Keith. *O homem e o mundo natural:* mudanças de atitudes em relação às plantas e aos animais (1500-1800). São Paulo: Companhia das Letras, 1988.

VISHNIVETZ, Berta. *Eutonia:* educação do corpo para o ser. São Paulo: Summus, 1995.

WEIL, Simone. *O enraizamento.* Bauru: Edusc, 2001.

A educação e a paz, educação para a paz: sugestões para leitura

Hoje já temos em português uma pequena e promissora relação de livros dedicados ao pacifismo, à causa da paz e a educação para a paz.

Existem algumas redes nacionais e internacionais dedicadas a esses temas e a essas causas. Acessando o portal da Hague Appeal for Peace, poderá entrar também em contato com um grande número de pequenas e grandes instituições dedicadas à causa da paz e dos Direitos Humanos em todo o mundo: hap@antenna.nl. Para o caso do Brasil, você pode acessar: www.educapaz.com.br

ABRAMOVAY, Miriam (org.). *Escolas da paz.* Rio de Janeiro: Unesco/UERJ, 2001.

BOFF, Leonardo. *Saber cuidar:* ética do humano. Petrópolis: Vozes, 1999.

BROTTO, Fábio Otuzi. *Jogos cooperativos:* o jogo e o esporte como um exercício de convivência. Santos: Projeto Cooperação, 2001.

CANDAU, Vera Maria; SACAVINO, Suzana. *Educar em direitos humanos:* construir a democracia. Rio de Janeiro: DP&A, 2000.

CANDAU, Vera Maria *et al. Oficinas pedagógicas de direitos humanos.* Petrópolis: Vozes, 1996.

CENTRO ECUMÉNICO BRASILEIRO DE EXPERIÊNCIAS PASTORAIS. *Geração da paz:* educação para superação da violência. Campinas: 2002, XXII SAT, número 13.

DALLARI, Dalmo de Abreu. *O que são os direitos da pessoa.* São Paulo: Brasiliense, 1981.

DIMENSTEIN, Gilberto. *O papel do cidadão:* a infância, a adolescência e os direitos humanos no Brasil. São Paulo: Ática, 1993.

DISKIN, Lia; ROIZMAN, Laura Gorresio. *Paz, como se faz?* São Paulo: Palas Athena/ Unesco, 2002.

DORNELLES, J. R. W. *O que são os direitos humanos*. São Paulo: Brasiliense, 1989.

DREW, Naomi. *A paz também se aprende*. São Paulo: Gaia, 1990.

GOMES, Cândido Alberto. *Dos valores proclamados aos valores vividos*. Brasília: Unesco, 2001.

GUIMARÃES, Marcelo Rezende. *Cidadãos do presente:* crianças e jovens na luta pela paz. São Paulo: Saraiva, 2002.

GUTIERREZ, Francisco; CRUZ, Prado. *Ecopedagogia e cidadania planetária*. São Paulo: Cortez/Instituto Paulo Freire, 2000.

________. *Um novo mundo é possível*. São Leopoldo: Sinodal, 2004.

HARING, Hermann; SALVOLDI, Valentino. *Tolerância:* por uma ética de solidariedade e de paz. São Paulo: Paulinas, 1995.

HOLLINS, James. *A passagem do meio*. São Paulo: Paulus, 1995.

KANT, Immanuel. *A paz perpétua*. Porto Alegre: L&PM, 1989.

KOLTAI, Caterina. *Por que pacifismo*. São Paulo: Moderna, 1986.

LAMA, Dalai. *Uma ética para o novo milênio*. Rio de Janeiro: Sextante, 2000.

LEFORT, Claude. *A invenção democrática*. São Paulo: Brasiliense, 1983.

MORAES, João-Francisco Régis de. *Um caso de amor com a vida*. Campinas: Verus, 2003.

NICOLESCU, Basarab. A prática da transdisciplinaridade. In: *Educação e transdisciplinaridade*. Brasília: Unesco, 2000.

NOLETO, Marlova Jovchelovitch. *Abrindo espaços*: educação e cultura da paz. Brasília: Unesco, 2001.

O'DONNELL, Ken. *A paz começa com você*: exercícios de paz para enfrentar as crises. São Paulo: Gente, 1994.

RESTREPO, Luis Carlos. *O direito à ternura*. Petrópolis: Vozes, 1998.

THOREAU, Henry. *Desobedecendo*. Rio de Janeiro: Rocco, 1984.

Os livros de Gandhi são muito importantes, pois em nosso tempo poucas pessoas viveram de maneira tão motivada a causa da paz e do diálogo entre pessoas e povos diferentes e divergentes. Indico alguns livros de Gandhi e sobre ele. Mas há muitos outros mais.

ALVES, Rubem. *Gandhi*: política dos gestos poéticos. São Paulo: FTD, 1990.

GANDHI, Mahatma. *Minha missão*: ética, política e espiritualidade. Rio de Janeiro: Multiletra, 1997.

GANDHI, Mohandas K. *Autobiografia*: minha vida e minhas experiências com a verdade. São Paulo: Palas Athena, 1999.

GANDHI, Mohandas K. *Gandhi*: preces e mensagens. São Paulo: Martin Claret, 1996.

HERMÓGENES, José. *Convite à não-violência*: em paz com o mundo. Rio de Janeiro: Nova Era, 2000.

LEIA TAMBÉM

COMO USAR A HQ NA SALA DE AULA

Angela Rama e Waldomiro Vergueiro

Este livro traz um guia básico sobre a linguagem dos quadrinhos, indispensável para que os professores se familiarizem ainda mais com o gênero e, assim, possam extrair o maior número possível de recursos do rico e fascinante universo das HQS.

COMO USAR A LITERATURA INFANTIL NA SALA DE AULA

Maria Alice Faria

Ao escrever este livro, Maria Alice Faria não caiu na tentação de encarar a literatura como um objeto utilitário, de uso meramente instrumental. A proposta da obra é capacitar educadores e animadores de leitura para perceber toda a riqueza de detalhes típica dos livros para crianças.

COMO USAR A MÚSICA NA SALA DE AULA

Martins Ferreira

Esta abrangente obra, de autoria de Martins Ferreira, foi desenvolvida com o intuito de capacitar o professor na utilização deste surpreendente veículo de comunicação que é a música. Esse livro serve como um guia para atividades com música desenvolvidas em todas as disciplinas.

COMO USAR A TV NA SALA DE AULA

Marcos Napolitano

Este livro propõe uma série de procedimentos básicos para que a programação veiculada pela TV possa ser incorporada como documento sócio-histórico, como fonte de aprendizado e como catalisadora de debates na escola.

COMO USAR O CINEMA NA SALA DE AULA

Marcos Napolitano

Esta obra de apoio para professores, revela caminhos para transformar a exibição de filmes na sala de aula em um recurso rico, lúdico e extremamente sedutor. Descreve os procedimentos básicos para analisar um filme e indica numerosas atividades práticas.

COMO USAR O JORNAL NA SALA DE AULA

Maria Alice Faria

Este livro combina o estudo do jornal, fornecendo dados históricos e teóricos, com a análise de textos jornalísticos e sugestões de trabalhos práticos com o jornal em sala de aula. A autora apresenta minuciosamente as partes do jornal e de que modo ele é preparado, e como sua leitura crítica pode transformar as aulas de português numa atividade divertida e proveitosa.

COMO USAR OUTRAS LINGUAGENS NA SALA DE AULA

Beatriz Marcondes, Gilda Menezes e Thais Toshimitsu

Os textos trabalhados em sala de aula costumam guardar uma grande distância entre o que se faz na escola e o que se exige socialmente. A obra tem o objetivo de diminuir esta distância e dar apoio para professores com especial ênfase nas questões relativas à ética.

GRÁFICA PAYM
Tel. (011) 4392-3344
paym@terra.com.br